Diogenes Taschenbuch 24534

AF196604

JOHN JAY OSBORN, geboren 1945, ist ein US-amerikanischer Anwalt, Jura-Professor und Autor. Während seines Studiums an der Harvard Law School schrieb er seinen ersten Roman, der unter dem Titel *Zeit der Prüfungen* mit Timothy Bottoms und John Houseman verfilmt und mit einem Oscar prämiert wurde. John Jay Osborn lebt in Palo Alto.

John Jay Osborn

Liebe ist die beste Therapie

ROMAN

Aus dem Amerikanischen von
Jenny Merling

Diogenes

Titel der 2018 bei Farrar, Straus & Giroux,
New York, erschienenen Originalausgabe:
›Listen to the Marriage‹
Copyright © 2018 by John Jay Osborn
By arrangement with the author
All rights reserved
Die deutsche Erstausgabe
erschien 2018 im Diogenes Verlag
Covermotiv: Illustration von Patrik Svensson
Copyright © Patrik Svensson

*Für Marilyn Kriegel
und Frederick Schieffelin Osborn*

Veröffentlicht als Diogenes Taschenbuch, 2020
Alle deutschen Rechte vorbehalten
Copyright © 2018
Diogenes Verlag AG Zürich
www.diogenes.ch
20/20/852/2
ISBN 978 3 257 24534 9

Gibt es organisatorische Dinge, um die wir uns vielleicht als Erstes kümmern sollten?«, fragte Sandy.

Charlotte hob die Hand wie eine Studentin in einem Seminar.

Es war lange her, dass bei Sandy jemand die Hand gehoben hatte, um etwas zu sagen.

»Bitte.«

»Ich mache mir Sorgen, wie lange das Geld noch reicht«, sagte Charlotte. »Seitdem ich ausgezogen bin, muss ich Miete zahlen, ich musste Möbel kaufen, und ich muss den Kindergarten bezahlen.«

»Wie viel Geld haben Sie denn?«

»Keine Ahnung«, antwortete Charlotte. »Auf meinem Konto habe ich im Moment dreitausend Dollar. Was den Rest angeht, also unser gemeinsames Geld, darum hat sich Steve immer gekümmert.«

Sandy drehte sich zu Steve um, Charlottes Mann. Er saß in sich zusammengesunken im Sessel, seiner Frau gegenüber.

»Also, Steve«, sagte Sandy. »Wie sieht denn die finanzielle Situation aus?«

»Ich bin gerade Teilhaber bei Simpson Weaver geworden. Ich musste dafür Eigenkapital in die Firma investieren. Dafür ist alles draufgegangen, was wir flüssig hatten.«

»Wollen Sie damit sagen, dass Sie und Charlotte kein Geld mehr haben?«

»Nein, natürlich haben wir noch was«, antwortete Steve. »Soweit ich weiß, haben wir noch etwa zwanzigtausend in unserem Geldmarkt-Fonds. Und es gibt eh kein echtes Problem. Als Teilhaber kann ich mir so viel Geld von der Firma leihen, wie ich will.«

Du musstest dir die Teilhaberschaft erkaufen, aber kannst dir jetzt so viel Geld leihen, wie du willst?, ergänzte Sandy im Kopf.

»Sagten Sie nicht, Sie hätten gerade ein Haus in Ross verkauft? Wo ist denn das Geld hin?«

»Der Vertragsabschluss kam heute Morgen gerade zustande«, sagte Steve. »Wir haben zweihunderttausend Dollar bekommen.«

Sandys Mutter war eine Maklerlegende und ein Fuchs auf ihrem Gebiet gewesen. Das Gebäude, in dem sich Sandys Praxis befand, war beispielsweise ein Geschenk von ihr. Sandy kannte sich also bei dem Thema etwas aus.

»Sie haben ein Haus in Ross verkauft und nur zweihunderttausend Dollar dafür bekommen?«, hakte sie nach.

»Ich hatte eine Hypothek auf das Haus aufnehmen müssen«, erklärte Steve. »Ich brauchte wirklich jeden Cent.«

»Damit Sie Teilhaber in der Firma werden konnten?«

»Ja, das klingt verrückt, das weiß ich. Aber so funktioniert das nun mal.« Steve beugte sich ein Stück vor. »Sie halten das für Blödsinn, stimmt's? Sie denken, ich würde Charlotte über den Tisch ziehen oder so.«

»Ich kenne Sie ja erst seit einer halben Stunde«, gab Sandy ruhig zurück. »Ich habe überhaupt keine Ahnung, was Sie mit Charlotte anstellen. Ich weiß lediglich, dass sie sich Sorgen ums Geld macht.«

»Dann teilen wir uns einfach das Geld vom Hausverkauf.«

»Machen *Sie* sich gar keine Sorgen um Geld?«

»Eigentlich nicht, nein. In einem halben Jahr bekomme ich meine erste Gewinnbeteiligung ausgezahlt.«

»Und bis dahin können Sie sich etwas leihen, wenn Sie es brauchen.«

»Genau.«

»Dann finde ich, Sie sollten Charlotte die kompletten zweihunderttausend geben.«

Treffer, versenkt. Steve wäre fast aufgesprungen, das sah man ihm an, er riss sich aber zusammen.

»Hm, interessanter Vorschlag«, sagte er nur. Damit hatte Sandy nicht gerechnet. Sie wartete, ob noch etwas kommen würde.

»Die kompletten zweihunderttausend?«, fragte Steve.

»Ja, alles«, erwiderte Sandy. »Charlotte hat ganz schön viel auf sich genommen, indem sie mit den Kindern ausgezogen ist. Soll sie sich jetzt etwa auch noch Sorgen machen, wie sie finanziell über die Runden kommt?«

Ganz genau, Steve, dachte Sandy. Sie hat dich verlassen, und ich will trotzdem, dass du ihr die ganzen zweihunderttausend gibst. Verstehst du, warum?

»Aber die Hälfte davon gehört doch ihm«, wandte Charlotte ein. Sie sah so ehrlich aus, so blond, so blauäugig, so absolut amerikanisch. Sie fragte sich offensichtlich, was sie hier eigentlich zu suchen hatte, als wäre sie im falschen Film.

»Wie meinen Sie das?«, fragte Sandy.

»Na, wenn wir uns scheiden lassen würden, dann würde er doch die Hälfte davon bekommen.«

»Wollen Sie sich denn scheiden lassen?«

»Weiß ich nicht. Wahrscheinlich. Aber wir haben zwei Kinder ...«

»Ich bin Eheberaterin. Mir ist ehrlich gesagt völlig egal, was im Gesetz steht. Da können sich gern Anwälte drum kümmern. Im Moment sehe ich nur, dass Sie Geldsorgen haben, und diese zweihunderttausend würden sie Ihnen nehmen. Zumindest für eine Weile. Sie sagten doch, dass hauptsächlich Sie sich um die Kinder kümmern. Und dann arbeiten Sie auch noch Vollzeit. Da brauchen Sie ohnehin jede Hilfe, die Sie kriegen können. Und mit dem Geld hätten Sie schon mal eine Sorge weniger.«

Der Gedanke gefiel Charlotte sichtlich. »Sie finden wirklich, ich sollte das ganze Geld bekommen?«

»Ja.«

Sandy drehte sich wieder zu Steve um. Hemd und Hose waren ordentlich gebügelt, und seine Schuhe glänzten. Er versuchte, die Fassade seines Lebens aufrechtzuerhalten. Aber er hatte tiefe Augenringe, und seine Hände zitterten.

»Wie sehen Sie das denn, Steve?«

»Die meisten Männer würden garantiert sagen: Meine Frau lässt sich scheiden, und dann will die Eheberaterin auch noch, dass ich meiner Frau das ganze Geld aus dem Hausverkauf gebe? Obwohl mir vom Gesetz her die Hälfte zusteht? Warum sollte ich? Das würden die meisten Männer sagen, denke ich.«

»Würden sie wahrscheinlich, ja. Und Sie?«

Zu ihrer Überraschung lächelte Steve.

»Als Sie das eben gesagt haben, dachte ich erst mal, äh, Moment, was soll das denn jetzt? Ich habe mich überrumpelt gefühlt. Ich dachte, wenn wir hier diskutieren, ob wir uns scheiden lassen oder nicht, dann wäre es doch am besten, wenn alles beim Status quo bleibt.«

Für Sandy war der Status quo das am wenigsten Erstrebenswerte.

»Wollen Sie sich denn scheiden lassen?«, fragte sie Steve.

Steve blieb stumm. Was geht bloß in ihm vor, überlegte Sandy Und fragte ihn schließlich genau das.

»Was in mir vorgeht?«, fragte Steve zögerlich, als hätte er kein Recht, über seine Gefühle zu sprechen. »Ich bin gerade Teilhaber einer großen Private-Equity-Firma geworden, aber trotzdem geht's mir so dreckig wie noch nie. Ich habe seit Tagen nicht geschlafen.«

Er verstummte und betrachtete Charlotte, als wolle er kurz Bilanz ziehen. Wer war diese Frau? Er schien sich nicht mehr ganz sicher.

Sie ist eine wunderschöne, schlaue Eisprinzessin,

und du hast es leider so richtig verbockt, dachte Sandy bei sich.

»Steve?«, erinnerte sie ihn. »Sie wollten mir sagen, was Sie verstanden haben.«

Wieder lächelte er. Sandy wurde klar, dass ihn die Situation tatsächlich auf gewisse Weise amüsierte. Er fragte sich, wie das alles bloß hatte passieren, wie er so dumm hatte sein können, und musste dabei lachen. Er konnte gleichzeitig unglaublich leiden und trotzdem lächeln. Ein gutes Zeichen. Noch nicht wirklich genug, aber schon nah dran.

Sollte sie die beiden als Klienten nehmen? Sie war sich nicht sicher. Wo waren bloß die melancholischen Künstler mit den trüben Gedanken? Solche bekam sie nie. Hatte Steve trübe Gedanken? Dachte er überhaupt genug nach, reflektierte er seine eigenen Handlungen, war er zu Veränderungen bereit? Schrieb er spätnachts Gedichte? Malte er? War ihm bewusst, wie wunderschön die Stadt zu dieser Jahreszeit war? Sie sah zu Charlotte hinüber. Und du, bist du bereit für Veränderungen? Dir fällt das Ganze vielleicht sogar noch schwerer als ihm, Prinzessin, überlegte sie.

Steve hatte ihre Frage immer noch nicht beantwortet. Er sah sich im Zimmer um, betrachtete den Schreibtisch in der Ecke, die IKEA-Sessel und dahinter den großen grünen im viktorianischen Stil.

Ob er den wohl unpassend fand für ihre Praxis? Durch die beiden Fenster sah man den Wipfel des Pfefferbaums vor dem Haus. Sandy wurde klar, dass Steve jetzt erst richtig wahrnahm, wo er sich befand. Er war vorhin einfach hier hereingestolpert, hatte seine liebe Mühe gehabt, es überhaupt zu seinem Sessel zu schaffen.

»Steve?«, erinnerte ihn Sandy.

»Ach so, Entschuldigung. Was ich sagen wollte: Warum sollte ich Charlotte auch meinen Anteil aus dem Verkaufserlös geben?«

»Weil Charlotte sich Sorgen macht.«

»Ich will mich nicht scheiden lassen«, sagte Steve ruhig und beantwortete damit auch endlich Sandys Frage.

»Aber Sie stehen kurz davor«, sagte Sandy. »Was Sie bis jetzt getan haben, um eine Scheidung zu verhindern, hat offensichtlich nicht funktioniert. Warum versuchen Sie nicht was Neues? Etwas, das Ihnen erst mal total gegen den Strich geht? Warum nicht? Sie haben doch nichts zu verlieren, oder?«

»Doch, Geld«, antwortete Steve.

Falsche Antwort, Steve, dachte Sandy und sah ihn einfach nur an. Es steht alles auf dem Spiel, siehst du das denn nicht?

»Ich soll also etwas tun, was mir total gegen den Strich geht?«, fragte Steve nach einer Weile.

»Warum denn nicht?«, gab Sandy zurück.

Er denkt immer noch darüber nach, wie die meisten Männer an seiner Stelle reagieren würden, merkte Sandy. Vergiss es doch einfach, Steve!, dachte sie, während Steve weiter vor sich hin starrte.

»Ich bin müde«, sagte er.

»Ich weiß«, gab Sandy zurück und ergänzte innerlich: ›Lass einfach los!‹

Und siehe da, er ließ los, sowohl das, was die meisten Männer an seiner Stelle getan hätten, als auch ihre halbgaren Ratschläge. Steve wagte den Sprung ins Unbekannte.

»Okay, ich versuch's.«

Er griff in die Innentasche seines Jacketts. »Ich habe den Scheck zufällig dabei.« Er unterschrieb ihn mit dem Montblanc-Füller, der in seiner Brusttasche steckte, und reichte ihn Charlotte. Sie nahm ihn. Zweihunderttausend Dollar.

»Danke«, sagte sie.

Das waren wahrscheinlich seit langer Zeit die ersten netten Worte, die sie an ihn gerichtet hatte, ging Sandy durch den Kopf. ›Danke.‹ Siehst du, Steve, du hast dich auf etwas eingelassen, was dir total gegen den Strich ging, und es hat tatsächlich funktioniert.

Ja, sie würde die beiden als Klienten annehmen.

2

Zu Beginn einer Paartherapie bat Sandy stets beide Partner zu einem Einzelgespräch.

Als Charlotte zwei Tage später zur Einzelsitzung erschien, sah sie unglaublich müde aus. Und sie kam zu spät, wenn auch nur ein paar Minuten. Sie war die Treppe zu Sandys Büro im ersten Stock hinaufgerannt.

»Entschuldigen Sie die Verspätung«, sagte sie und setzte sich in den Sessel, in dem sie auch letztes Mal gesessen hatte. »Ein Glück, dass Sie hier einen eigenen Parkplatz haben.« Sie stellte ihre braune Lederhandtasche neben dem Sessel ab und atmete mehrmals tief durch. »Wirklich ein schönes Haus«, fuhr sie fort. »Ich habe das kleine Bronzeschild im Treppenhaus gesehen, wo Sie sich bei Ihrer Mutter dafür bedanken, dass sie Ihnen das Haus hier geschenkt hat.«

Das Schild hat meine Mutter selbst angebracht, dachte Sandy. »Danke«, antwortete sie. »Wie geht's Ihnen? Sie sehen ziemlich erschöpft aus.«

Charlotte stutzte, dann fiel ihr offensichtlich wieder ein, weshalb sie hier war. »Bin ich auch«, sagte sie. »Ich habe letzte Nacht bis zwei Uhr Hausarbeiten korrigiert, musste dann heute Morgen aber natürlich trotzdem zusammen mit den Kindern aufstehen und sie zur Schule bringen. Die ist in der Dolores Street, von dort bin ich dann hierhergefahren, nachher muss ich noch ans andere Ende der Stadt fahren und mein Seminar halten und danach dann die Kinder abholen. Ich weiß auch nicht, Sandy.«

»Was wissen Sie nicht?«

»Sobald auch nur eine Kleinigkeit schiefgeht, wenn zum Beispiel eins der Kinder krank wird und abgeholt werden muss, fällt das ganze Kartenhaus schon in sich zusammen.«

»Was ist denn mit Steve?«

»Er holt die Kinder an zwei Nachmittagen die Woche von der Schule ab und hat sie auch jedes zweite Wochenende.«

»Und wenn Sie gerade nicht wegkönnen, weil Sie unterrichten, wieso kann er dann nicht einspringen?«

»Ich möchte ihn um nichts bitten«, sagte Charlotte bestimmt. »Ich finde es schon schlimm genug, dass er die Kinder an zwei Nachmittagen hat.«

»Darüber sollten wir noch mal reden«, meinte

Sandy. »Aber vielleicht lieber ein anderes Mal. Wieso nehmen Sie sich keine Tagesmutter oder einen Babysitter?«

»Ich will nicht, dass die Kinder sich abgeschoben fühlen. Die beiden leiden doch schon genug darunter, dass Steve und ich nicht mehr zusammen sind.«

Sandy schüttelte den Kopf.

»Sie sind Dozentin an der Uni, da gibt es bestimmt zahlreiche Studenten auf der Suche nach einem Nebenjob. Und Ihre Kinder haben sicher nichts dagegen, mal einen Nachmittag mit jemand anderem zu verbringen als mit ihrer völlig übermüdeten Mutter, die bis in die frühen Morgenstunden Hausarbeiten korrigiert hat.«

Es steckte jedoch noch mehr dahinter, das merkte Sandy. »Sie waren nicht nur mit Hausarbeiten beschäftigt, oder?«

»Ich habe auch etwa eine Stunde telefoniert«, erwiderte Charlotte zaghaft.

»Ich nehme an, mit einem Mann?«

»Ja.«

»Erzählen Sie mir davon.«

»Das ist mir ein bisschen unangenehm.«

»Das müssen Sie ablegen.« Sandy lächelte. Nur eine Frage der Zeit, dachte sie.

Charlotte nickte.

»Direkt nach meiner Entfristung war ich auf

einer Konferenz zum Thema ›Dickens und seine Zeitgenossen‹. Und da war dieser Mann, der hat einen richtig tollen Vortrag über die Verlagsbranche im neunzehnten Jahrhundert gehalten. Ich hatte ihn davor schon mal getroffen. Er hat meine Arbeit gelobt. Wir haben uns unterhalten, und dann kamen wir auf Steve zu sprechen, und ich habe ihm alles erzählt. Wir haben die Nacht miteinander verbracht. Er hat verstanden, was ich alles verpasst hatte, wie eingeschränkt mein Leben mit Steve geworden war.«

»Und wie heißt dieser Mann?«

»William Keener. Also Bill.«

»Wussten Sie damals schon, dass Steve eine Affäre hatte?«

»Ich hatte ihn noch nicht zur Rede gestellt, aber ich wusste, was los ist. Er wich mir aus, wenn es darum ging, wo er war, er bekam Anrufe zu den seltsamsten Tageszeiten. Ich wusste auf jeden Fall Bescheid. Es war irgendwie faszinierend, ihm dabei zuzusehen. Ich konnte nicht fassen, dass er mich wirklich für so dumm hielt. Aber er machte immer weiter. Schon komisch, wenn der Partner einem immer und immer wieder einfach so ins Gesicht lügt.«

»Sie hatten dann also beide gleichzeitig eine Affäre.«

»Das hätte ich aber nie gemacht, wenn Steve nicht damit angefangen hätte!« Charlotte klang genervt. Wütend. Müde. »Ich war am Boden zerstört. Mir ging's wirklich elend. Alles brach zusammen.«

»Das war überhaupt nicht wertend von mir gemeint«, beschwichtigte Sandy. »Ich möchte nur genau verstehen, was passiert ist. Haben Sie mit Steve über Ihren Verdacht gesprochen, dass er Sie betrügt?«

»Ja, gleich als ich von der Konferenz zurück war. Ich habe ihm gesagt, dass ich Bescheid weiß, und er hat es zugegeben. Er meinte, er hätte die Sache ein paar Wochen zuvor beendet.«

»Weiß Steve auch von Bill?«

»Er kann sich wahrscheinlich denken, dass da jemand ist. Ich bin als anderer Mensch von der Konferenz zurückgekommen. Aber gesagt habe ich es ihm nicht.«

»Wo wohnt Bill?«

»Er unterrichtet an der UCLA und wohnt in Santa Monica. Und es gibt noch ein Problem. Er ist verheiratet. Und er hat schon eine Scheidung hinter sich, deshalb konnte ich ja unter anderem so gut mit ihm reden. Er wusste genau, was ich gerade durchmache.«

»Hat er Kinder?«

»Eins aus jeder Ehe, ja.«

»Und wie kann er mitten in der Nacht eine Stunde lang mit Ihnen telefonieren?«

»Er ist nachts aufgestanden und hat von seinem Arbeitszimmer aus angerufen.«

»Ich hätte da ein paar Gedanken dazu«, sagte Sandy.

»Ich weiß, ich muss es Steve erzählen.«

»Das auch, obwohl er bestimmt schon alles weiß. Was ich aber meinte: Sie haben hier das Sagen. Das ist Ihnen vielleicht nicht ganz klar, aber es ist wirklich so. Sie haben die Kontrolle. Nicht Bill. Und auch nicht Steve. Deshalb würde ich Folgendes vorschlagen: Tun Sie das, was Ihnen guttut. Verlangen Sie zum Beispiel von Bill, dass er sich zeitlich nach Ihnen richtet.«

»Aber wie soll das denn gehen?« Charlotte klang verwirrt.

»Indem Sie nicht brav warten, bis seine Frau eingeschlafen ist und er sich in sein Arbeitszimmer schleichen kann, wodurch Sie dann die ganze Nacht wach bleiben. Sagen Sie ihm, wann es *Ihnen* zeitlich passt.«

»Aber er kann doch nicht einfach zu seiner Frau sagen: ›Sorry, ich muss mal eben Charlotte anrufen.‹«

»Vielleicht nicht, nein. Das ist dann aber nicht Ihr Problem, sondern seins.«

»Ich *muss* aber mit ihm telefonieren!«

»Er wird sich schon was einfallen lassen, machen Sie sich da mal keine Sorgen.«

»Ich will ihn nur nicht unter Druck setzen«, wehrte Charlotte ab.

»Und was ist mit Ihnen? Sie kümmern sich um zwei kleine Kinder, Sie müssen Hausarbeiten korrigieren, Sie müssen Seminare halten und Konferenzen besuchen, und Ihre Ehe hängt nur noch am seidenen Faden. Wer von Ihnen beiden hat da bitte schön gerade etwas mehr Rücksicht verdient?«

»Ich rede aber so gern mit ihm«, sagte Charlotte. Ihr kamen die Tränen. »Ich brauche ihn.«

Sie ist wirklich total fertig, dachte Sandy. Ein völliges Wrack.

»Sie haben ihn ja auch«, entgegnete Sandy. »Sie haben das alles schon richtig schön auseinandergenommen, aber jetzt müssen Sie sich ein bisschen zusammenreißen.«

»Ich bin verliebt. Endlich habe ich jemanden zum Reden. Zum ersten Mal seit Jahren. Er bedeutet mir so viel, dass es weh tut.« Charlotte streckte unglücklich die Hände nach Sandy aus. »Aber er ist verheiratet und schon einmal geschieden. Das wird doch nie was mit uns. Kann seine Frau nicht einfach sterben?« Sie weinte nun richtig.

Sandy reichte ihr die Taschentuchbox, die immer auf dem kleinen Tischchen neben ihrem Sessel stand.

»Ich habe einfach keine Kraft mehr«, sagte Charlotte.

»Ich weiß«, antwortete Sandy. »Und das ist auch absolut nachvollziehbar.«

3

Sandy hörte Steves Muscle Car, einen Mercedes C63 AMG, auf den Parkplatz donnern. Er klang genau so wie der C63 ihrer Mutter früher, und das Geräusch nervte sie. Ihre Mutter hatte bei der Wahl des Autos nicht etwa ihre Klienten im Hinterkopf gehabt, für einen Benz war es nämlich ganz schön eng darin. Es ging ihr vielmehr um das Machtgefühl, um den wummernden 8-Zylinder-Motor, den die Benz-Trolle in Stuttgart zusammengebastelt hatten, und das Drehmoment, das einen beim Anfahren in den Sitz drückte und die Räder qualmen ließ, diese geballte Kraft, die sich auf die Insassen übertrug, alle anschnallen, es geht los. So war ihre Mutter. Geht es dir auch um diesen Effekt, Steve?, dachte Sandy.

Er kam nicht sofort rein. Erst nach fünf Minuten zeigte das kleine Lämpchen unter Sandys Schreibtisch an, dass er das Wartezimmer betreten hatte. Dann klopfte es, die Tür wurde einen Spaltbreit geöffnet, und Steve steckte den Kopf herein.

»Ich weiß nicht genau, wie so was abläuft«, sagte er. »Soll ich draußen warten, bis Sie mich holen?«

»Ja. Es kann immer sein, dass ich noch Klienten hier drin habe und wir gerade ein sehr ernstes Gespräch führen«, antwortete Sandy. »Aber jetzt ist keiner da, also kommen Sie ruhig rein.«

Er sah genau so aus wie beim letzten Mal: bedrückt, niedergeschlagen, ein gesprungener Teller, wie die Sammelteller, die ihre Mutter zuletzt immer gekauft hatte, das Porzellan so zart, dass es fast durchsichtig war.

»Kann ich Sie was fragen?«

»Na klar«, antwortete sie.

»Also, auf dem Weg von Presidio Heights hierher fahr ich so die Bush Street lang, und auf einmal bin ich auf der Embarcadero. Ich bin an der Fillmore vorbeigefahren und hab es überhaupt nicht gemerkt. Ich hab wirklich keine Ahnung, wie ich auf der Embarcadero gelandet bin. Also hab ich gewendet, um zur Fillmore zurückzufahren, und dann war ich auf einmal da, aber hab wieder nicht mitgekriegt, wie ich hingekommen bin. Und dann stand ich plötzlich hier bei Ihnen auf dem Parkplatz.«

»Nehmen Sie Medikamente?«, fragte Sandy. »Drogen? Was ist mit Alkohol?«

Er setzte sich ruckartig auf, als hätte ihm die

Frage einen Schlag versetzt, und war sofort ganz im Hier und Jetzt.

»Was? Nein, ich nehme weder Medikamente noch Drogen! Sollte ich vielleicht mal, ich hab schon ewig nicht mehr richtig geschlafen, aber nein. Ich trinke auch kaum Alkohol. Mache ich etwa den Eindruck?«

»Das habe ich nicht gesagt. Ich kenne Sie ja auch erst seit vier Tagen und sehe Sie heute gerade zum zweiten Mal. Aber ich weiß, dass Sie im Moment viel Stress auf der Arbeit haben, und –«

»Deshalb nehme ich doch aber keine Drogen!«, unterbrach er sie.

Sandy merkte, dass sie ihn mit ihrer Frage direkt bei der Selbstachtung gepackt hatte.

»Und woran liegt es dann, dass Sie durch die Gegend fahren und nicht wissen, wie Sie irgendwohin gekommen sind?«

»Ich war ja auf dem Weg hierher, da hab ich natürlich viel nachgedacht«, sagte Steve. »Wahrscheinlich hat mein Unterbewusstsein das Steuer übernommen, während ich überlegt habe, worüber ich mit Ihnen reden soll.«

Würde er das auch im Kreuzverhör während des Scheidungsverfahrens sagen? ›Ich habe meine Kinder zur Schule gebracht, und dabei hat mein Unterbewusstsein das Steuer übernommen?‹

Aber irgendwie hast du es ja hierhergeschafft, dachte Sandy. Wenn du so sensibel bist, besteht vielleicht wirklich noch Hoffnung.

»Sie haben auf dem Weg hierher darüber nachgedacht, was Sie mir sagen wollen?«

»Ja, ich wollte Ihnen erzählen, dass Charlotte und ich viel arbeiten. Dass das unser Problem ist. Meine Kollegen sind ein Haufen egoistischer Karrieristen. Ich arbeite Tag und Nacht. Und Charlotte hat alles gegeben, um endlich unbefristet angestellt zu werden. Ist doch logisch, dass die Beziehung darunter gelitten hat.«

»Es gibt viele Paare, wo beide Partner sehr viel arbeiten und die Beziehung trotzdem nicht darunter leidet«, erwiderte Sandy.

»Und was ist deren Geheimnis?«

»Sie unterstützen einander bei der Arbeit.«

»Unsere Jobs sind aber so verschieden«, erwiderte Steve. »Es war schwer, nachzuvollziehen, was der andere gerade durchmacht. Ich wusste nicht, wie ich Charlotte bei ihrer Entfristung helfen soll.«

»Das müssen Sie ja auch gar nicht. Verständnis für ihre Situation ist aber eine andere Geschichte. Wenn man einmal entfristet wurde, verändert das das ganze Leben. Wenn man es nicht schafft, macht einen das natürlich fertig. Sie hat bestimmt eine Heidenangst gehabt.«

»Nein, sie hatte keine Angst.«

»Woher wissen Sie das?«

»Die hätten sie so oder so entfristet. Sie war ein absoluter Glücksgriff für dieses College.«

»Woher wissen Sie das? Hat sie Ihnen das erzählt?«, fragte Sandy. »Oder glauben Sie nur, dass sie das dachte?«

»Ich hab keine Ahnung, was Charlotte dachte, weil sie ja nie mit mir darüber geredet hat. Sie saß entweder am Küchentisch und hat irgendwas geschrieben und ich durfte mich nur auf Zehenspitzen in der Wohnung bewegen, oder sie war auf Konferenzen. Ich hab ja versucht, mit ihr über ihre Arbeit zu sprechen, aber da ist sie immer nur böse geworden.«

»Inwiefern?«

»Sie meinte immer, ich würde das nicht verstehen. Das war so ihr Mantra: ›Das verstehst du eh nicht.‹«

Und was genau hat das damit zu tun, was gerade passiert?, dachte Sandy bei sich.

»Und wie läuft es im Moment so zwischen Ihnen? Wie war die Woche? Wie geht's den Kindern?«

»Ich hole die Kinder zweimal die Woche von der Schule ab, mache irgendwas mit ihnen bis sechs, und dann bringe ich sie zu Charlotte. Jedes zweite Wochenende habe ich sie auch.«

Sandy fiel auf, dass Steve ihre Frage nicht beantwortet hatte.

»Sind Sie zufrieden damit, dass Sie die Kinder immer nur eine bestimmte Zeit haben?«

»Nein«, sagte Steve zögernd. »Charlotte wollte das so nach der Trennung. Mir wird erst nach und nach klar, was ich eigentlich will. Ich hätte gern mehr Zeit mit ihnen. Das soll sich ändern.«

»Können Sie das denn mit Ihren Arbeitszeiten vereinbaren?«, fragte Sandy.

»Ich hab jetzt Eigenkapital in die Firma investiert. Ich krieg das auf jeden Fall irgendwie geregelt.«

»Sie können also nicht entlassen werden?«

»Doch, schon, aber da müsste die Firma richtig bluten. Und Charlotte hat ja jetzt auch ihren unbefristeten Vertrag. Wenn wir bloß noch ein Jahr durchgehalten hätten, wären wir jetzt noch zusammen.«

»In Ihrer Beziehung liegt so einiges im Argen, das nichts mit Ihrer oder Charlottes Arbeit zu tun hat, sondern damit, wie Sie miteinander umgehen. Sie kommunizieren sehr schlecht miteinander.«

»Das stimmt schon, aber daran können wir doch gemeinsam mit Ihnen arbeiten, oder?«

»Wir können es zumindest versuchen.«

»Wie stehen denn die Chancen, dass wir wieder

zusammenfinden?«, brach es plötzlich aus Steve heraus. Sandy hatte den Eindruck, dass ihm die Frage schon lange auf der Seele brannte, und es überraschte sie kein bisschen.

»Nicht gut.«

»Fünfzig-fünfzig?«

»Eher eins zu tausend.«

Einen Moment lang wechselten sich Angst und Wut auf Steves Miene ab, dann wurde alles von einer Welle tiefer Traurigkeit überspült.

»Woher wollen Sie das denn so genau wissen?«

»Sie haben mich um meine Meinung gebeten, und ich habe Ihnen eine klare Antwort gegeben«, erwiderte Sandy.

»Das kann ich aber nicht einfach so hinnehmen. Wir müssen das wieder hinkriegen. Es muss doch irgendwas geben, was ich machen kann.«

Seine Verzweiflung berührte Sandy. Er tat ihr leid. Aber er müsste sehr viel an sich verändern, um wieder mit Charlotte zusammenzukommen. Es wäre eine gewaltige Arbeit. Und dann bräuchte er obendrein auch noch eine große Portion Glück.

»Aber manche Leute, die zu Ihnen kommen, finden doch wieder zusammen, oder?«, fragte er.

»Die meisten meiner Klienten führen eine funktionierende Ehe und wollen sie lediglich verbessern.«

»Aber Sie hatten auch schon welche, die getrennt waren?«

»Natürlich. Und ich hatte auch schon welche, die bereits geschieden waren und wegen der Kinder ein gutes Verhältnis miteinander haben wollten.«

»Aber es muss doch auch getrennte Paare geben, die wieder zusammengekommen sind.«

»Mehrere, ja.«

»Wie viele genau?«

»Zwei.« Das war die Wahrheit. Wenn man einmal so weit gekommen war wie Steve und Charlotte, war es sehr schwer, den Scheidungszug noch aufzuhalten.

»Zwei?« Er sah sie verständnislos an, als hätte man auf ihn geschossen. »Und wie lange arbeiten Sie schon als Eheberaterin?«

»Steve, das bringt doch jetzt nichts.«

»Bringt es sehr wohl. Ich möchte wissen, ob ich hier bin, um unsere Scheidung so einvernehmlich wie möglich über die Bühne zu bringen oder um die Beziehung zu kitten.«

»Das eine schließt das andere ja nicht zwangsläufig aus.«

»Ich dachte, das ist hier eine Eheberatung«, sagte Steve wütend. »Dass es also noch eine Ehe gibt, die es wert ist, gerettet zu werden. Sie möchten unsere Ehe doch retten, oder?«

»Es geht hier nicht um mich.«

»Also, ich will meine Ehe auf jeden Fall retten«, erklärte er bestimmt.

»Dann tun Sie das«, erwiderte Sandy ruhig.

Die Herausforderung stand zwischen ihnen im Raum.

»Ich dachte, Sie würden mir dabei helfen«, meinte Steve nach kurzem Schweigen. »Dass wir so was wie einen Plan aufstellen. Dass Charlotte und ich uns zum Beispiel als Erstes mal darauf einigen, dass wir nicht mit jemand anderem ins Bett gehen. Dann finden wir raus, was unsere Probleme sind, und nehmen sie uns eins nach dem anderen vor. Halt so eine Art Schlachtplan.«

»Jetzt hören Sie mir mal genau zu«, sagte Sandy leise und eindringlich.

»Mach ich«, sagte Steve. »Keine Sorge.«

»Na dann. Es gibt keinen Schlachtplan. Es gibt überhaupt keinen Plan. Und es wird auch keine Absprachen geben, dass keiner mit jemand anderem schläft oder so. Ich werde so etwas jedenfalls sicher nicht vorschlagen, weil das meiner Meinung nach die falsche Herangehensweise wäre.«

»Die falsche?« Steve sah sie verwirrt an, als hätte er das Gefühl, er stünde nun endgültig in einer Sackgasse.

»Es hätte doch gar keinen Sinn, sich darauf zu

einigen. Wenn Charlotte mit einem anderen Mann schlafen will, dann wird sie das auch tun. Und warum auch nicht, Sie beide leben doch getrennt.«

Steve sah aus, als hätte man gerade das Todesurteil über ihn gesprochen.

»Aber wissen Sie was?«, fuhr Sandy fort. »Mir fällt gerade ein, dass ich *drei* Paare kenne, die nach einer Trennung wieder zusammengefunden haben. Mein Mann und ich haben fast ein Jahr lang getrennt gelebt und sind am Ende doch wieder zusammengekommen.«

Diese Information schien Steve wieder etwas aufzumuntern.

»Sie meinten eben, *ich* soll meine Ehe retten«, sagte er.

»Ja.«

»Aber Sie haben keine Ahnung, wie ich das anstellen soll? Nicht mal einen einzigen Hinweis? Obwohl Sie und Ihr Mann es auch geschafft haben?«

»Ich habe nicht gesagt, dass ich keine Ahnung hätte. Ich habe durchaus eine Vorstellung, was Ihnen helfen würde. Ich glaube, als Erstes müssten Sie ein besseres Selbstwertgefühl entwickeln. Was Charlotte angeht, können Sie im Moment nicht viel tun. Was Sie selbst angeht, schon. Sie müssen dafür sorgen, dass es Ihnen bessergeht. Und ich habe noch eine Idee. Wenn Charlotte etwas sagt, stellen Sie sich bitte mal vor, sie würde genau das Gegenteil meinen.«

»Glauben Sie wirklich, Charlotte sagt die ganze Zeit das Gegenteil von dem, was sie denkt?«

»Natürlich nicht immer, aber manchmal schon. Aber darum geht es auch gar nicht. Ich möchte, dass Sie darüber nachdenken, was hinter Charlottes Worten steckt. Versuchen Sie mal, die tatsächliche Bedeutung zu ergründen. Wenn Sie sich vorstellen, dass sie das Gegenteil meint, werden Sie vielleicht offener dafür, dass eine Aussage mehrere Bedeutungen haben kann.«

»Das heißt, wenn Charlotte zu mir sagt, dass sie mich hasst, meint sie eigentlich, dass sie mich liebt?«

Sandy musste lächeln.

»Vielleicht. Oder vielleicht hasst und liebt sie Sie auch gleichzeitig. Denken Sie mal darüber nach.«

4

Sandy dachte schon den ganzen Vormittag über den lauten schwarzen Riesen-Benz ihrer Mutter nach. Nun war sie im Büro angekommen, und ihr war plötzlich klar, dass sie sich noch nicht bereit für die Entscheidung fühlte. Sie rief in der Werkstatt an. Don ging ans Telefon.

»Don.«

»Hallo, hier ist Sandy Hyland. Ich möchte das Auto doch nicht verkaufen.«

»Ich habe Ihnen aber einen wirklich guten Preis geboten. Bekommen Sie woanders etwa mehr?«

»Es geht mir nicht ums Geld«, sagte Sandy. »Ich bin einfach noch nicht dazu bereit, den Benz zu verkaufen.«

»Sie fahren doch einen Prius. Wozu brauchen Sie da noch einen C63?«

Erwartete er jetzt wirklich eine Rechtfertigung von ihr? Brauchte sie etwa einen Grund, um das Auto ihrer Mutter nicht verkaufen zu wollen? Hätte ihre Mutter sich ihm erklärt? Sie legte einfach auf. Dann stellte sie ihr Bürofestnetz auf ihren Antwortdienst um, der als Einziger ihre Handynummer kannte. Wenn ihr Handy also vibrierte, wüsste sie, dass es sich um einen Notfall handelte, der von ihrem Antwortdienst weitergeleitet wurde.

Sie sah auf die Uhr. Noch fünf Minuten. Sie schloss die Augen und atmete tief ein und aus. Das dumpfe Wummern von Steves Auto, dem Zwilling des Autos ihrer Mutter, brachte sie wieder in die Realität. Sie ließ ihm und Charlotte ein wenig Zeit, um heraufzukommen und kurz im Wartezimmer zu sitzen. Dann öffnete sie die Tür.

Sie saßen einander gegenüber. Steve starrte in die Luft, Charlotte hatte eine Hausarbeit auf den Knien und schrieb gerade einen Kommentar an den Rand.

»Schön, Sie zu sehen«, begrüßte Sandy die beiden. »Kommen Sie rein.«

»Wie geht's Ihnen?«, begann sie die Sitzung. Steve sah heute etwas besser aus, fiel ihr auf.

»Ich möchte gern etwas besprechen«, sagte Charlotte.

»Gern.« Sandy wusste, was jetzt kam.

»Ich habe eine neue Beziehung«, sagte Charlotte langsam und sah erst zu Sandy, dann zu Steve. »Ich finde ja, das geht dich nichts an, aber Sandy meint, wenn wir nicht ehrlich miteinander sind, hat das Ganze hier keinen Sinn.«

»Ich weiß von deiner Affäre«, antwortete Steve.

»Woher?«, fragte Sandy.

»Ich war an Charlottes Computer.« Steve klang betreten.

»Wie hast du das denn gemacht?« Charlotte war wütend.

»Wir haben nun mal zusammengewohnt, da kenn ich eben dein E-Mail-Passwort.«

»Du hast meine E-Mails gelesen?«

»Ja.«

»Und, war's interessant?« Charlotte war außer sich.

»Hinterher tat's mir leid. Ich hab es auch nur einmal gemacht. Ich hab völlig neben mir gestanden, ich konnte einfach nicht ertragen, was mit uns passiert. Ich würde es aber nie wieder tun.«

»Ganz sicher nicht, nein. Ich werde nämlich meine Passwörter alle ändern, und dann lass ich meinen Laptop von der IT bei mir an der Uni untersuchen, ob du mir da irgendwelche Viren drauf gemacht hast, und dann laden die mir die beste Sicherheitssoftware drauf, die es gibt!«

»Ich hab doch schon gesagt, das war eine einmalige Sache. Aber mach, was du für richtig hältst.«

»Das kann ich ja wohl sehr gut allein entscheiden«, gab Charlotte bissig zurück. »Und was hast du noch gemacht?«

Sandy wusste, was Steve getan hatte. Charlotte wusste es auch. Und Steve war klar, dass die beiden Bescheid wussten. Natürlich war er viel cleverer als die meisten verletzten Ehemänner. Er war ein kreativer Kopf und ambitioniert. Man durfte ihn nicht unterschätzen.

»Tut mir leid, ich konnte einfach nicht anders. Ich war damals unglaublich eifersüchtig, und ich hatte Angst. Ich habe ein paar Nachforschungen zu Bill in Auftrag gegeben.«

»Was für Nachforschungen?«, fragte Charlotte.

»So eine Überprüfung, die wir immer bei Leuten machen, wenn wir deren Firma kaufen«, erklärte Steve. »Ob sie schon mal mit der Polizei zu tun hatten, ob sie immer ihre Steuern gezahlt haben und so.«

»Und ob sie vielleicht eine Affäre haben?«

»Das stand da auch manchmal mit drin, ja.«

»Und, bin ich bei deinen Nachforschungen zu Bill aufgetaucht?«

»Nein, bist du nicht.«

»Du bist echt das Letzte«, sagte Charlotte. »Wie kann man einem anderen Menschen nur so nachspionieren?«

Wie kann man nur so verzweifelt sein, dachte Sandy bei sich. »Und was kam nun dabei heraus?«, fragte sie Steve. Sie war neugierig.

»Wobei?«, fragte Steve.

»Na, was war Ihre Meinung über Bill, nachdem Sie den Bericht gelesen hatten?«

»Darum geht es doch jetzt gar nicht«, sagte Charlotte. »Viel schlimmer ist, dass er das Ganze überhaupt gemacht hat.«

»Ich finde schon, dass es auch darum geht«, erwiderte Sandy. »Mich interessiert, was Steve von Bill hält. Sie etwa nicht?«

»Ich muss erst mal damit fertigwerden, dass er Nachforschungen über ihn angestellt hat«, antwortete Charlotte. »Das ist doch völlig verrückt.«

»Ja, das war ganz schön dumm, das sehe ich ein«, sagte Steve.

»Dumm? Ich finde es sehr nachvollziehbar.« Sandy sah erst Steve, dann Charlotte an. »Bin ich hier eigentlich die Einzige, die wissen will, was bei den Nachforschungen herausgekommen ist? Erzählen Sie endlich, Steve.«

Er zögerte. Er wusste nicht recht, wie er seine Gedanken erklären sollte. Er war es gewohnt, Charlotte solche komplizierten Dinge eher zu verheimlichen. Sandy hätte ihn am liebsten am Kragen gepackt und durchgeschüttelt.

»Ich habe den Eindruck, dass Bill ein sehr guter Dozent ist«, fing Steve zögerlich an. »Er gibt sich sehr viel Mühe mit seinen Studenten. Er hat schon mehrere Auszeichnungen für seine Arbeit bekommen, und seine Studenten scheinen ihn zu mögen.«

Sandy dachte darüber nach, wie sehr sich die beiden miteinander verknotet hatten, wie sehr sie in der Falle saßen und wie ungern sie miteinander über die wirklich wichtigen Dinge sprachen. Ob sie sich wohl lieber scheiden lassen würden, als die schwierigen Dinge zu bereden? Gut möglich.

»Steve, ich glaube nicht, dass Sie nach dem Bericht nur zu der Feststellung gekommen sind, dass Bill ein guter Dozent ist«, sagte Sandy.

»Ist er aber«, warf Charlotte ein. »Ein sehr guter sogar.«

»Wenn ich ehrlich sein soll, war meine Feststellung am Ende, dass er eine ernsthafte Konkurrenz für mich darstellt«, sagte Steve.

Das auf jeden Fall, dachte Sandy.

»Mir war klar, dass er sehr überzeugend wirken kann und dass er vielleicht genau das ist, was Charlotte will. Ein einfühlsamer Mann, der über seine Gefühle spricht und mit dem sie über ihre Arbeit reden kann, weil sie beide Englisch am College unterrichten.«

»Er ist tatsächlich ein einfühlsamer Mann, der über seine Gefühle spricht«, bestätigte Charlotte. »Außerdem ist er ehrlich und denkt nicht immer nur an sich.«

»Hm, da wäre ich mir mal nicht so sicher. Er hat immerhin seine erste Frau und sein kleines Kind für eine Studentin verlassen.«

»Sie war Doktorandin«, sagte Charlotte eisig.

»Ja, aber er war ihr Betreuer für die Dissertation.«

»So was steht in dem Bericht? Krass.« Charlotte schien sich langsam mehr dafür zu interessieren.

»Er hat sich scheiden lassen, das Gerichtsprotokoll ist öffentlich einsehbar. Seine erste Frau war ganz schön sauer, als sie das mit der Doktorandin rausgefunden hat.«

»Wenn's darum geht, seine Frau zu betrügen, solltest du wohl lieber mal ganz still sein«, sagte Charlotte.

»Stimmt«, erwiderte Steve leise. »Es tut mir unglaublich leid, was ich getan hab, und ich würde es nur zu gern ungeschehen machen. Ich will dich auf keinen Fall verlieren.«

»Du hast mich schon vor langer Zeit verloren«, fauchte Charlotte. »Bill hat mir dabei geholfen, dich zu verlassen, er hat mir Kraft dafür gegeben, er war genau im richtigen Moment da. Aber er hatte nichts mit der Entscheidung zu tun, dass ich dich überhaupt verlassen wollte. Das hast du dir ganz allein zuzuschreiben.«

Charlotte lehnte sich zurück und verschränkte

die Arme vor der Brust. Sie sah Sandy an. »Und jetzt? Kann ich irgendwie verhindern, dass er so weitermacht?«

Verhindern, dass ein Mensch sich wie ein Mensch verhält?, dachte Sandy.

»Wieso ist Ihnen das überhaupt so wichtig?«, fragte sie Charlotte. »Es war doch vorhersehbar, dass Steve das tun würde. Wenn Sie darüber nachgedacht hätten, wäre Ihnen klar gewesen, dass es so kommen würde. Mich interessiert vielmehr, warum Ihnen das nicht klar war. Wieso überrascht Sie das jetzt so? Wir sollten die Sache nicht unter den Tisch fallen lassen, wir beschäftigen uns auf jeden Fall noch damit. Aber erst mal würde ich gern von Ihnen wissen: Ist es denn wirklich so schlimm?«

»Er hat meine Privatsphäre verletzt!« Charlotte setzte sich stocksteif auf. »Das ist doch ein persönlicher Angriff.«

»Inwiefern?«

»Weil er meine Privatsphäre verletzt hat«, wiederholte Charlotte trotzig. »Ist doch klar, dass ich das persönlich nehme.«

»Ja, und?«, fuhr Sandy fort. »Sie beide sind verheiratet, da sollte man nun mal miteinander reden. Haben Sie mit Steve darüber geredet, was in Ihnen vorgeht?«

»Ich möchte eigenständig sein. Das hat mir Steve nie erlaubt.«

»Verstehe ich gut. Aber lassen wir das für den Moment beiseite, darum kümmern wir uns noch in Ruhe. Konzentrieren wir uns erst mal auf das aktuelle Problem. Steve hat sich nach seiner kleinen Aktion bestimmt viel schlechter gefühlt als Sie sich jetzt. Er hat in Ihrem Computer rumgeschnüffelt und dabei herausgefunden, dass Sie in jemand anderen verliebt sind, und dann hat er Nachforschungen über diesen anderen Mann angestellt und dabei festgestellt, dass er es mit einem charismatischen Menschen zu tun hat, der eine ernste Bedrohung für ihn darstellt.«

Sie wandte sich an Steve. »Wie viel hat diese Überprüfung gekostet?«

»Tausendfünfhundert Dollar«, antwortete er.

»Das hat bestimmt weh getan.«

»Und wie.«

»Kann ich mir gut vorstellen. Haben Sie aus der Sache irgendetwas gelernt?«

»Im Moment fühle ich mich irgendwie fast tot«, sagte Steve. »Wie gelähmt. Ist schwer zu beschreiben. Als ob ich im Sturm rumgeweht werde und über nichts mehr die Kontrolle habe, der Sturm weht mich einfach irgendwohin, und ich hab keine Ahnung, wo ich am Ende lande.«

»Das fasst doch sehr schön zusammen, was Sie daraus mitgenommen haben. Vor allem ist es eine ehrliche Beschreibung. Und ich denke auch, es ist ganz gut, dass Sie mal das Gefühl haben, nicht alles kontrollieren zu können.«

Steve sah Sandy an, als wäre sie verrückt. Das geschah nicht zum ersten Mal und sicher auch nicht zum letzten, dachte sich Sandy.

»Jetzt versteh ich gar nichts mehr«, warf Charlotte ein. Sie schüttelte den Kopf und sah Sandy verständnislos an. »Was hat er jetzt daraus gelernt?«

»Dass er nicht alles unter Kontrolle hat. Dass er Sie nicht kontrollieren kann, sondern Sie gehen lassen muss. Das muss er nämlich wirklich. Er hat keine Wahl. Der Sturm weht ihn wahllos überallhin. Und Sie sind der Sturm. Steve wird nicht gegen Sie ankämpfen. Das kann er gar nicht.«

Charlotte ließ das einen Moment lang auf sich wirken. Dann nickte sie.

»Heißt das, dass er meinen Computer von jetzt an in Ruhe lässt? Dass er sich nicht mehr in mein Privatleben einmischt? Auch nicht in die Sache mit Bill?«, fragte sie.

Sie versteht's immer noch nicht, dachte Sandy. Das überraschte sie. Sie sah zu Steve.

»Ja«, antwortete der. »Ich werde deine Privatsphäre nicht noch mal verletzen.«

Sandy sah ihn immer noch an. »Natürlich werden Sie das wieder tun. Und sicher nicht nur einmal. Das ist eine wichtige Sache, die gelernt werden will: wo man die Grenze zieht. Wann man diese Grenze überschreiten darf. Wenn Sie das wirklich verstehen wollen, wird es Monate dauern, Jahre sogar. Aber es gibt auch eine sehr simple Sache, die Sie beide jetzt gleich lernen können: Sie müssen einander alles sagen. Aber Sie dürfen das nicht voneinander verlangen. Ihr Gegenüber muss Ihnen alles erzählen *wollen*. Zwingen kann man niemanden, das funktioniert nicht.«

»Wieso nicht?«, fragte Steve. »Wieso können wir uns nicht einfach darauf einigen, dass wir uns alles sagen?«

»Das haben Sie doch schon versucht«, gab Sandy zurück. »Und Sie haben ja gesehen, wie gut das klappt.« Sie meinte damit, dass sie einander genau dieses Versprechen implizit bei ihrer Eheschließung gegeben hatten, und sah ihnen an, dass sie das auch verstanden. Ob sie noch einen Schritt weitergehen sollte?

»Eine Frage, Steve. Wenn es einen Zauberknopf gäbe, den man nur zu drücken braucht, und schon löst sich Bill in Luft auf. Als hätte es ihn nie gegeben. Wenn es so einen Knopf gäbe, würden Sie ihn drücken?«

Steve erwiderte ihren Blick. Er sah kurz zu Charlotte, dann jedoch sofort wieder zu Sandy. Man sah ihm an, wie der Gedanke in ihm aufblitzte, eine kleine Welle in einem dunklen Meer.

»Nein, würde ich nicht«, antwortete er.

5

Sie beide haben sich also an der Uni kennengelernt?«, fragte Sandy.

»Ja«, antwortete Charlotte. »Steve war im dritten
Semester, ich im ersten, aber ich durfte schon Ver-
anstaltungen für höhere Semester besuchen. Wir
hatten eine Veranstaltung zusammen.«

»Was für eine?«

»*Lyrik des Elisabethanischen Zeitalters.*«

»Ein Seminar?«

»Ja. Ich weiß nicht mehr, wie viele Teilnehmer
wir genau waren, vielleicht ein Dutzend.«

»Und da ist Ihnen Steve aufgefallen«, sagte
Sandy. »Warum?«

Charlotte sah kurz hoch zur Decke. »In einem
Seminar mit nur zwölf Teilnehmern fällt einem
doch früher oder später jeder auf«, sagte sie bemüht
gleichgültig.

»Lassen Sie mich die Frage anders formulieren.
Warum genau haben Sie eine Beziehung miteinander begonnen. Warum?«

»Müssen wir wirklich darüber reden?«

»Tun Sie mir den Gefallen«, bat Sandy.

»Willst du es ihr erklären?«, wandte sich Charlotte an Steve. Der schüttelte den Kopf.

»Der Dozent wollte uns aufzeigen, inwiefern sich die Gedichte von damals von moderner Lyrik unterscheiden«, fuhr Charlotte daraufhin fort. »Die anderen Jungs im Seminar waren ziemlich hochnäsig, die wollten alle unglaublich intellektuell wirken, trugen Schals. So der Harvard-Typ eben. Und dann war da Steve, der aussah, als wäre er direkt aus L. A. zu uns reingestolpert.«

Die Stimmung im Raum hatte sich verändert. Man konnte die Veränderung an nichts Bestimmtem festmachen, Charlotte lächelte nicht etwa, aber sie sah ein wenig verträumt aus. Schien den Moment noch einmal zu durchleben.

»Da wurden die ganze Zeit Phrasen gedroschen und mit Worthülsen um sich geworfen. Wissen Sie, wenn irgendwer mit Semantik anfängt, werde ich immer nervös. Und das war da ständig der Fall. Semantik und Hermeneutik.

Aber wir hatten alle diesen Gedichtband vor uns, und vorn drauf war ein Bild von Königin Elisabeth in vollem Ornat. Sie hatte diesen unglaublichen Rüschenkragen um und so ein Kleid mit riesigen Ärmeln und einem Muster aus winzig kleinen Perlen. Und Steve hat das Buch hochgehalten und meinte, wenn man sich mit dem Unterschied zwischen Elisabethanischer und moderner Lyrik beschäftigt, sollte man sich einfach mal den unterschiedlichen Kleidungsstil der beiden Epochen ansehen. Da ist er mir aufgefallen. Dem Dozenten übrigens auch.«

Charlotte verschränkte die Arme und lehnte sich ein Stück zurück.

»Eine schöne Geschichte«, sagte Sandy. »Ich würde gern etwas mit Ihnen ausprobieren, Charlotte. Sehen Sie sich bitte einmal Steve ganz genau an, und sagen Sie mir, was Sie sehen.«

Charlotte schüttelte den Kopf. »Ich bin gerade so genervt von ihm, dass ich ihn nicht objektiv betrachten kann, tut mir leid.«

»Dann seien Sie eben nicht objektiv.«

Charlotte ließ kurz den Blick über ihn schweifen, als würde er sie nicht sonderlich interessieren, und schwieg. Sie will mich vorführen, wurde Sandy klar. Sie sah Charlotte an und schwieg ebenfalls.

»Ich soll ihn beschreiben?«, fragte Charlotte schließlich.

»Ja«, gab Sandy knapp zurück. Das habe ich dir doch gerade gesagt, ergänzte sie innerlich.

»Na gut.« Charlotte setzte sich auf. »Ich sehe einen Mann Mitte dreißig. Braune Haare, braune Au-

gen. Er trägt eine gelbe Brille, ein blaues Business-
hemd, eine Cordhose und Halbschuhe. Zufrieden?«

In der Tat, dachte Sandy. Schon putzig, diese
zwei, sie wollen jede Aufgabe so gut wie möglich
erledigen, sie können einfach nicht anders.

»Ein bisschen mehr könnten Sie aber schon noch
sagen.« Sandy hatte nicht vor lockerzulassen.

»Sie lassen nicht locker, hm?«, gab Charlotte zurück. »Aber das ist in Ordnung.«

Jetzt sind wir endlich auf einer Wellenlänge,
dachte Sandy.

Charlotte betrachtete Steve genauer. »Alles an
ihm ist so makellos. Seine silberne Gürtelschnalle
glänzt wie poliert. Sein Hemd ist akkurat gebügelt.
Er war vor kurzem beim Friseur. Und die gelbe
Brille ist von einem italienischen Hersteller, das
weiß ich zufällig. Sehr stylish. Er gibt sich große
Mühe mit seinem Aussehen, will es aber möglichst
mühelos wirken lassen, glaube ich.«

»Und weiter?«, fragte Sandy.

»Sie machen es einem aber auch nicht leicht!«
Charlotte besah sich Steve noch einmal, fast eine
ganze Minute lang.

Sandy fiel auf, dass Steve auf Charlottes Blick
reagierte, indem er aus dem Fenster sah.

»Hm, interessant«, sagte Charlotte. »Steve wirkt
irgendwie jungenhaft.«

»Inwiefern?«

»Vielleicht bilde ich mir das auch nur ein. Er sieht eben so aus, als ob er sich richtig Mühe gibt, erwachsen zu wirken. Und man will ihm das auf keinen Fall nehmen. Man möchte ihm am liebsten sagen, gut gemacht, du siehst erwachsen aus, ist dir gelungen.«

»Das war richtig gut«, sagte Sandy. An Steve gewandt, fuhr sie fort: »Geben Sie sich denn tatsächlich große Mühe, gut auszusehen?«

»Ja«, antwortete Steve. »Auf jeden Fall. Diese Sitzungen hier sind eine große Sache. Also für mich zumindest. Deshalb versuche ich immer, so gut wie möglich auszusehen. Ich mache mir vorher Gedanken, was ich anziehe.« Er hob hilflos die Schultern, als würde er fragen: Was erwarten Sie denn von mir? »Ich bin eben nervös.«

»Was macht Sie denn nervös?«

»Ich meine, es geht hier immerhin um meine Ehe. Das ist ja keine Kleinigkeit. Ich will nichts unversucht lassen, um sie zu retten.« Er schüttelte den Kopf und verstummte. Er fühlte sich offensichtlich unwohl. »Am Anfang, also kurz nach der Trennung, hab ich mich gefühlt, als wär um mich herum nur Nebel. Ich wusste überhaupt nicht mehr, wo ich stand. Selbst die kleinsten Entscheidungen haben mich vollkommen überfordert. Ich weiß noch, wie ich einmal Geld abheben wollte. Ich stehe vor dem Automaten, stecke meine Karte rein, und auf einmal fällt mir meine PIN nicht mehr ein. Ich konnte mich absolut nicht an diese vier Ziffern erinnern, dabei habe ich die doch tausendmal benutzt. Irgendwann hab ich die Auszahlung einfach abgebrochen und mich ins Auto gesetzt.

Ich hab bestimmt eine halbe Stunde dagesessen, und plötzlich ist mir meine PIN wieder eingefallen, ist wie vom Grund eines Sees einfach so in mir aufgestiegen. Ich bin wieder aus dem Wagen und hab zweihundert Dollar abgehoben. – Aber ich will hier niemanden langweilen.«

Sandy bemerkte, dass Charlotte Steve anstarrte, ihre gesamte Aufmerksamkeit war auf ihn gerichtet.

»Sie langweilen hier niemanden«, sagte sie. »Reden Sie ruhig weiter.«

»Na ja, ich hatte jedenfalls das Gefühl, als müsste ich mir alles Mögliche erst wieder beibringen. Ich hab erst mal mein Auto durchgesehen. Öl, Reifen, Wasser, was man eben so macht. Dann hab ich mich an den Schreibtisch gesetzt und meine Konten überprüft und Rechnungen bezahlt. Das hatte ich schon seit Wochen nicht mehr gemacht.

Es hat sich angefühlt, als ob ich mich von Grund auf neu erschaffe. Deshalb ist mein Hemd auch gebügelt und sind meine Haare frisch geschnitten. Ich muss mich auf diese kleinen Dinge konzentrieren. Das machen andere Leute mal eben nebenbei, aber ich muss wirklich aufpassen, dass ich das alles erledige. Und es klappt auch noch nicht wieder zu hundert Prozent.«

»Nachdem Sie das jetzt gehört haben, sehen Sie Steve da anders als vorher, Charlotte?«

»Ich hätte nie gedacht, dass ich seine Welt so auf den Kopf stellen könnte«, antwortete sie. »Das überrascht mich ehrlich. Mir war nicht bewusst, wie verletzlich er ist. Dadurch ist mir gerade was klargeworden. Ich habe doch gesagt, Steve wirkt jungenhaft auf mich, jung. Und dann habe ich eben den Eindruck bekommen, dass er verletzlich ist. Dabei hatte ich früher immer Angst vor ihm.«

»Tut mir leid, dass du Angst vor mir hattest«, sagte Steve.

»Ist schon okay«, erwiderte Charlotte. »War ja früher. Jetzt fühle ich ehrlich gesagt gar nichts mehr dir gegenüber.«

»Nun sind Sie dran«, sagte Sandy zu Steve. »Beschreiben Sie doch mal Charlotte.«

»Eins nur noch«, sagte Steve. »Ich hab doch eben gesagt, dass ich am Anfang wie in einem Nebel war. Eine Sache war aber ganz klar: Charlotte. Ich hatte nicht nach ihr gesucht, aber auf einmal konnte ich sie ganz deutlich sehen.«

Steve betrachtete Charlotte.

»Ich sehe eine wunderschöne Frau. Blonde Haare, blaue Augen. Ich sehe, dass sie ihren Ehering nicht trägt. Ich sehe kleine Goldohrringe, eine goldene Armbanduhr, sonst keinen Schmuck. Sie trägt Stretchjeans, ein weißes T-Shirt, schwarze Schuhe, aber flach, keine Highheels. Auf dem Boden steht eine braune Lederhandtasche, die von Bottega Veneta ist, die hab ich ihr nämlich gekauft.«

Er ließ den Blick sinken.

»Sehen Sie noch mehr?«, fragte Sandy.

»Das macht mich gerade so traurig«, antwortete Steve. »Ich kann nicht fassen, dass ich dir jemals weh getan habe.«

»Hast du aber«, sagte Charlotte. »Und noch mal schaffst du das nicht.«

»Sehen Sie noch etwas?«, fragte Sandy erneut.

»Du siehst aus, als ob du nicht ganz hier bist, Charlotte«, fuhr Steve fort. »Ich glaube, du willst nichts von mir an dich heranlassen. Ein Teil von dir ist ganz weit weg.«

»Stimmt. Ich kann es aber nicht ändern. Ich versuche ja, mich auf dich einzulassen. Ich komme zu den Sitzungen hier. Aber es fällt mir im Moment sehr schwer, mich wirklich auf dich einzulassen.«

Charlotte sah zu Sandy. »Als ich Steve beschreiben sollte, habe ich so eine Distanz dabei gefühlt, fast, als ob das alles gar nichts mit mir zu tun hätte.«

»Ich weiß«, sagte Sandy.

»Ich halte ihn auf Distanz.«

»Das ist auch in Ordnung. Im Moment müssen Sie das.«

»Aber wenn ich mich nicht in Steve hineinfühlen kann, wird das doch nie wieder was mit uns, oder?« Charlotte schüttelte den Kopf und sah dann wieder zu Steve. »Ich komme einfach nicht damit klar, dass du unsere Beziehung so aufs Spiel gesetzt hast. Wie kann man bloß so ein Idiot sein?«

»Das kann ich dir gern erklären.«

»Nein, ich weiß es ja schon. Du warst eben unglücklich. Unser gemeinsames Leben hat dich unglücklich gemacht.«

»Ich hatte mich selbst unglücklich gemacht.«

»Und deshalb hast du dann dafür gesorgt, dass wir beide unglücklich sind«, sagte Charlotte. »Ganz schön schlau von dir.« Das Wort *schlau* spie sie geradezu aus.

Steve hatte im übertragenen Sinn die Hand nach Charlotte ausgestreckt, und sie hatte sie mit Sarkasmus und Verachtung zurückgewiesen. Sandy bewunderte Steve dafür, dass er es immer wieder probierte. Er klopfte sich den Staub ab, bügelte sein Hemd noch mal schön und polierte seine Gürtelschnalle, und dann machte er den nächsten Versuch.

Sieh ihn dir doch mal an, Charlotte, dachte Sandy bei sich. Sieh ihn dir mal richtig an. Wie er immer und immer wieder zu dir zurückkommt.

6

Wieder das tiefe Grollen von Steves dickem Auto …

Sie kamen direkt nacheinander herein. Zuerst Charlotte, dann Steve.

Charlotte wirkte unruhig, zappelig, sie hüpfte fast in die Praxis.

Steve wirkte unglücklich und hielt den Blick auf den Boden gerichtet.

Sie setzten sich auf ihre Stammplätze. Sandy betrachtete sie, versuchte zu verstehen, was los war, bevor sie etwas sagten. Es herrschte definitiv eine Anspannung zwischen den beiden. Sie wirkten nervös. Sandy fühlte sich wie ein Cowgirl, das eine Kuhherde im Griff behalten musste, die kurz davor war, in völliger Panik davonzulaufen. Eine Herde, die auf eine Klippe zurast, und man muss versuchen, sie zum Umdrehen zu bewegen, sie zurück in Sicherheit zu bringen.

»Was ist denn los?«, fragte Sandy. »Ich habe den Eindruck, es ist was passiert.«

»Und damit haben Sie recht«, antwortete Charlotte. »Ich fahre in zwei Wochen zu einer Konferenz an der NYU. Ich werde fünf Tage dortbleiben, von Donnerstag bis Montag. Und ich wollte, dass Steve sich in der Zeit um die Kinder kümmert. Ich dachte, es wäre am besten, wenn sie bei seinen Eltern bleiben, aber Steve ist damit nicht einverstanden. Und wir hätten gern Ihre Hilfe dabei, das zu klären.«

»Die Konferenz ist nur am Donnerstag und Freitag«, sagte Steve bemüht ruhig. »Charlotte will den Rest der Zeit in New York verbringen.«

»Da hat Steve anscheinend ein wenig Recherche betrieben, genau wie Sie es vorhergesagt haben«, warf Charlotte dazwischen. »Typisch.«

Ja, es war typisch und menschlich, und Charlotte schien gar nicht ernsthaft böse darüber. Schön, Charlotte. Und worum geht es dann wirklich?

»Ihr Bekannter Bill ist auch auf der Konferenz, nehme ich an, und Sie bleiben diese zwei Tage gemeinsam in New York?«, fragte Sandy.

»Es geht zwar niemanden etwas an, aber ja, so in der Art soll das ablaufen«, antwortete Charlotte. »Wir übernachten aber nicht dort, sondern in einem Gasthof am Hudson, weiter nördlich.«

Sandy bemerkte, dass Steve beim Wort »Gasthof« zusammenzuckte.

»Kann ich dich mal was Persönliches fragen?«, wollte Steve wissen.

Charlotte war sofort klar, worauf er hinauswollte. Sandy sah, wie sie sich aufrechter hinsetzte.

»Lieber nicht«, sagte Charlotte.

Das kannst du erst entscheiden, wenn du die Frage gehört hast, dachte Sandy.

»Was möchten Sie denn wissen?«, fragte Sandy.

»Mich interessiert, ob Bill seiner Frau von der Affäre mit Charlotte erzählt hat«, erwiderte Steve.

Charlotte stand auf.

»Das ist einfach nur ekelhaft von dir. Ich fass es nicht. Okay, das war's. Es ist vorbei.«

»Setzen Sie sich.« Sandy sagte es, als ob sie hier zu bestimmen hätte. Ihre Praxis, ihr Sessel, ihre Regeln. Sie hatte keine Ahnung, ob Charlotte gehorchen würde, diese setzte sich jedoch tatsächlich wieder hin.

»Wieso bringt Sie die Frage denn so aus der Fassung?«

»Weil …« Charlotte suchte nach den richtigen Worten. »Weil Steve damit nur sagen will, dass Bill ein schlechter Mensch ist. Nein, er hat seiner Frau nichts davon erzählt. Er hat schon eine Scheidung hinter sich, und er sieht sein Kind aus der ersten Ehe nie. Steve fragt immer nur solche Sachen über Bill, damit er schlecht dasteht.«

»Nach seinen Kindern aus erster Ehe hab ich doch nie gefragt«, sagte Steve.

Ach komm, Steve, dachte Sandy. Lass doch die Spielchen.

»Jetzt komm mir nicht so, du weißt genau, was ich meine! Es setzt gleich was!« Charlotte erhob sich erneut.

Sandy breitete die Arme vor ihr aus wie ein Dirigent, der zum ruhigeren Teil der Sinfonie überleitet. »Was macht es denn für einen Unterschied, ob Bill seiner Frau von der Affäre erzählt hat oder nicht?«, fragte sie Steve.

»Die Sache ist die«, begann er. »Ich hab nach der Konferenz gegoogelt und dabei gesehen, dass sie nur zwei Tage lang geht. Das war total leicht, findet man auf Anhieb. Dann kann seine Frau das doch auch rausfinden, oder? Macht die sich keine Gedanken darüber, warum er zwei Tage länger bleibt?«

»Wieso interessiert es Sie, ob seine Frau das herausfindet?«

Steve machte augenblicklich zu. Man sah ihm an, dass er sich innerlich völlig verweigerte. O nein, mein Lieber, dachte Sandy.

»Sie wollten mit diesem Gedankengang doch auf etwas Bestimmtes hinaus. Was war das?«

»Ich habe gedacht, dass sie vielleicht durchdreht.«

»Dann dreht sie eben durch. Das ist doch Bills Problem, nicht Ihres.«

»Und wenn sie gewalttätig wird? Wenn sie sich rächen will?«

»Meine Güte«, warf Charlotte dazwischen. »Hast du etwa Angst, dass Bills Frau mich umbringt?«

»Nein«, sagte Steve. Er zögerte einen Moment, bevor er weitersprach. »Ich hatte Sorge, dass sie unsere Kinder umbringt.«

»Also wirklich«, sagte Charlotte. »Wie kommst du denn auf so einen Schwachsinn?«

Es war wirklich eine seltsame Befürchtung, dachte Sandy. Das waren doch alles ganz solide Leute aus der Mittelschicht, die so was nie tun würden. Oder vielleicht eben doch.

Normalerweise schenkte Sandy der Welt außerhalb ihrer kleinen Praxis nicht sonderlich viel Beachtung. Das heimliche Treffen in New York, wo Charlotte das Wochenende verbrachte, ob Bills Frau Bescheid wusste … Was außerhalb ihrer Praxis passierte, kümmerte sie nicht. Sandy war nur wichtig, was innerhalb dieser vier Wände geschah. Darauf musste sie sich konzentrieren, das war die eigentliche Geschichte, das war das wirklich Wichtige. Natürlich war sie immer mal wieder versucht, sich auf die äußere Geschichte einzulassen – die Affären, der Sex, der Betrug! Das ganze Soap-Opera-

Zeug eben. Aber die eigentliche Arbeit fand doch in ihrer Praxis statt.

»Genau, wie kommen Sie darauf?«, hakte Sandy nach.

»Weiß ich nicht.«

»Doch, wissen Sie!« Ihre Stimme klang wie die einer Mutter, die am Bett saß, wenn man nachts nicht schlafen konnte. Diesen Trick wendete sie manchmal an.

»Na gut«, sagte Steve. »Ich hab mir mal vorgestellt, Bill umzubringen.«

»Aber das würden Sie nicht ernsthaft tun, richtig?«

Steve hatte die ganze Zeit zu Boden geschaut. Jetzt sah er auf, erst zu Sandy, dann zu Charlotte.

»Nein, würde ich nicht. Ich würde diesen Zauberknopf nicht drücken, von dem wir neulich gesprochen haben, und ich würde Bill auch nicht umbringen. Nach ihm gäbe es ja eh bloß wieder einen Neuen.«

»Ich hab nichts dagegen, mich um die Kinder zu kümmern«, sagte Steve. Offensichtlich wollte er das Thema abhaken, jemand könnte die Kinder umbringen, und Sandy ließ ihn.

»Kann ich kurz was dazu sagen?«, fragte Charlotte, die das Thema offensichtlich auch gern abhaken wollte. »Steve sagt, er habe nichts dagegen, sich um die Kinder zu kümmern. Als ob er sich erst mal dazu entschließen müsste. Das ist nicht okay. Er sollte sich um die Kinder kümmern *wollen*. Egal, ob er gerade Lust dazu hat oder nicht, auch wenn er das bisher nicht so gesehen hat.«

»Okay, ich *will* mich um die Kinder kümmern«, lenkte Steve ein.

»Dann mach's auch, und beschwer dich nicht ständig darüber!«, fauchte Charlotte.

»Moment, gehen wir noch einmal einen Schritt zurück. Charlotte, Sie meinten vorhin, es sei typisch, dass Steve die Konferenz gegoogelt hat. Wenn Sie also wussten, dass er das tun würde, wieso waren Sie dann nicht von Anfang an ehrlich zu ihm?«

»Weil ihn das überhaupt nichts angeht«, kam die Antwort. Und Charlotte meinte das ernst, ging Sandy auf. Sie konnte sich wirklich nicht vorstellen, warum sie Steve irgendetwas über ihr Liebesleben erzählen sollte. Und diese Haltung war ja auch irgendwie berechtigt.

»Na ja, aber jetzt sitzen wir alle hier, und Sie beide sind ziemlich wütend wegen der ganzen Geschichte«, sagte Sandy. »Was spricht denn dagegen, einfach zu sagen: ›Du, ich fahre zu einer Konferenz nach New York, und danach verbringe ich noch ein paar Tage mit einem Freund, kannst du so lange die Kinder nehmen?‹«

»Jetzt soll ich also mein Liebesleben vor Steve ausbreiten?«, fragte Charlotte.

Könnte zumindest nicht schaden, dachte Sandy.

»Ihm zu sagen, wo Sie sind, während er die Kinder hat, ist für mich persönlich nicht gleichbedeutend damit, Ihr Liebesleben vor ihm auszubreiten«, gab sie zurück. »Aber davon mal ganz abgesehen: Wenn Sie Steve gesagt hätten, was Sie vorhaben, hätte er Sie nicht gestalkt.«

»Ich stalke sie doch nicht!«, warf Steve ein.

»Als ob es auf die Formulierung ankäme!«, schimpfte Charlotte. »Wie würdest du es denn nennen, hm?«

Steve schwieg. Also nennen wir es einfach Stalking, dachte Sandy.

»Um noch einmal auf meine Frage zurückzukommen – Steve, wie wäre es für Sie gewesen, wenn Charlotte Ihnen gesagt hätte, dass sie sich mit ihrem neuen Freund trifft?«

»Ich wäre wohl sauer gewesen«, antwortete Steve. Er überlegte einen Moment, dann fuhr er fort: »Es hätte mir weh getan. Aber ich hätte wenigstens das Gefühl gehabt, dass wir uns wieder ein bisschen mehr vertrauen.«

Du machst ganz schön Fortschritte, dachte Sandy.

»Soll ich ihm jetzt jedes Mal davon erzählen,

wenn ich mich mit jemandem treffe, oder was?«, fragte Charlotte. »Ich will mein eigenes Leben führen. Wir wohnen schließlich nicht mehr zusammen.«

»Wenn ich mich richtig erinnere, wäre das Wochenende, an dem Sie wegfahren, eigentlich ein Wochenende, an dem Sie die Kinder haben«, sagte Sandy. »Haben Sie Steve schon mal gefragt, ob er statt Ihnen auf die Kinder aufpasst, oder ist das das erste Mal?«

»Es ist das erste Mal.«

»Dann ist das also eine besondere Situation.«

»Weil Steve die Kinder vier Tage am Stück hat?«, sagte Charlotte wütend. »Ja, das ist wirklich eine sehr große Sache, er war noch nie so lange mit den Kindern allein. Aber ich muss ihm trotzdem keine Rechenschaft über mein Leben ablegen, das sind doch zwei völlig verschiedene Dinge.«

»Meiner Meinung nach sind sie schon miteinander verbunden«, sagte Sandy.

Wieso gehst du denn gleich zum Angriff über, Charlotte, überlegte Sandy. Wieso ist das Thema so ein wunder Punkt bei dir? Sie hatte eine ziemlich gute Vorstellung davon, was gerade in Charlotte vorging. Es wäre schön gewesen, wenn Steve die auch hätte. Damit würde es ihm auf jeden Fall bessergehen.

Charlotte hat Zweifel, ob das Wochenende mit Bill das Richtige ist, ging es Sandy durch den Kopf. Sie fühlt sich angreifbar, sie ist sich unsicher. Ein Teil von ihr möchte dieses Wochenende gar nicht. Aber das wird sie dir nicht erzählen, Steve. Zumindest jetzt noch nicht. Als du sie gefragt hast, ob Bill seiner Frau von ihr erzählt hat, hast du genau ins Schwarze getroffen. Sie macht sich nämlich durchaus Sorgen, dass Bill es nicht ernst meint mit ihr.

Alle drei saßen eine Weile schweigend da und ließen das Gesagte auf sich wirken.

»Sie meinten, Steve soll mit den Kindern zu seinen Eltern?«, nahm Sandy das Gespräch schließlich wieder auf. »Warum eigentlich?«

»Damit er nicht ganz allein mit der Situation ist«, antwortete Charlotte. »Seine Eltern haben ein großes Haus, und sie lieben die Kinder. Steve hat nur eine Einzimmerwohnung. Wenn die Kinder bei ihm schlafen, ist das immer eher wie zelten.«

»Wieso haben Sie denn nur eine Einzimmerwohnung?«, wandte Sandy sich an Steve.

»Ach, das war alles so verrückt. Charlotte ist ausgezogen, und wir haben das Haus verkauft, da bin ich erst mal bei meinen Eltern untergekommen. Und dann hab ich zufällig diese Wohnung gesehen, ganz in der Nähe von Charlottes neuer Wohnung, und hab sie einfach gemietet. Ich hab nicht nachgedacht. Ich war in diesem Nebel. Ich hab nur kurz einen Blick reingeworfen und dann gleich den Möbelpackern gesagt, sie sollen meine Sachen direkt aus unserem Haus dahin bringen. Die waren gerade dabei, Charlottes Möbel in ihre neue Wohnung zu transportieren. Und wissen Sie, was die zu mir gesagt haben?«

Zu Sandys Überraschung lächelte Steve kurz.

»Die meinten: ›Hey, wieso kriegt sie eigentlich die ganzen schönen Sachen? Das Klavier, die Sofas, die Sessel ...‹ Ich hab gesagt, sie hat nun mal die größere Wohnung von uns beiden, da passt das alles rein. Und die so: ›Und wieso hat sie die größere Wohnung von euch beiden?‹ Aber es hat sich gar nicht so angefühlt, als ob ich ihr was überlassen würde. Es war eher wie auf der Titanic, das Schiff geht unter, und die ganzen Möbel schwimmen von allein weg.«

Steves Stimmung hatte sich verändert. Er war nicht mehr so verärgert wie am Anfang. Er hatte seinen Frieden mit allem gemacht: Charlottes Wochenende am Hudson, ihrem neuen Freund, der Trennung. Für einen kurzen Augenblick sah er alles sehr klar.

»Wenn man es mal praktisch sieht, wäre es vielleicht besser gewesen, wenn ich Steve von meinen

Plänen für das Wochenende erzählt hätte«, sagte Charlotte. »Wenn er es eh rausfindet.«

»Wenn man es mal praktisch sieht, wollen Sie doch sicher auch auf dem Laufenden sein, wie es den Kindern geht, während Sie weg sind, oder?«, fragte Sandy.

Das ließ Charlotte aufhorchen. Darüber hatte sie anscheinend noch nicht nachgedacht.

»Ja, auf jeden Fall.«

»Und wie stellen Sie sich das vor?«

»Ich werde Steve wohl einfach ab und zu eine Nachricht schicken, fragen, wie es so läuft. Oder er mir.«

»Und wenn es ein Problem gibt, was dann?«, fragte Sandy weiter.

»Dann würde er mich wahrscheinlich anrufen.«

Und das Gleiche gilt bestimmt auch für deinen Freund, was dessen Frau und Kinder angeht, dachte Sandy. Nur dass der seine Frau anlügt. Das tust du nicht mehr, Charlotte. Da bist du ihm einen Schritt voraus.

»Ich hätte Steve gleich sagen sollen, was ich an dem Wochenende vorhabe«, sagte Charlotte. »Das ist mir jetzt klargeworden.«

Sie sah Steve an. »Willst du denn irgendwas Bestimmtes darüber wissen?«

»Ich weiß genug«, entgegnete Steve nur.

7

Das Thema New York war anscheinend doch noch nicht abgehakt. Zu Beginn der nächsten Sitzung sagte Steve: »Ich würde gern noch mal über das nächste Wochenende reden, wo ich mit den Kindern zu meinen Eltern wollte.«

Charlotte sah ihn unglücklich an. »Wir hatten doch schon eine Abmachung.«

»Die hat ja aber nun keiner mit Blut unterschrieben«, warf Sandy ein. Sie konnte Abmachungen nicht ausstehen. »Lassen Sie uns doch erst mal hören, was Steve zu sagen hat.«

Abmachungen sorgten für Stagnation, fand Sandy. Warum sollte man den Status quo solch einer Ehe erhalten wollen? Warum waren die beiden denn sonst hier, wenn nicht, um gründlich etwas zu ändern?

»Ich habe keine große Lust, das Wochenende mit meinen Eltern zu verbringen«, erklärte Steve. »Ich habe mir überlegt, mit den Kindern stattdessen nach Mendocino zu den Snyders fahren.«

»Das ist jetzt nicht dein Ernst!«, brach es aus Charlotte hervor. »Ehrlich, Steve. Was soll der Scheiß?«

»Wer sind denn die Snyders?«, fragte Sandy.

»Alte Freunde von mir. Ich bin mit Tina Snyder zur Schule gegangen.«

»Das sind Hippies«, fügte Charlotte hinzu.

»Jetzt hör aber mal auf, Tina hat am Bryn Mawr studiert«, widersprach Steve.

»Sie ist mit einem goldenen Löffel im Mund geboren und hat nichts im Kopf, so!«

»Sie und ihr Mann Spencer haben einen Bio-Bauernhof«, erklärte Steve. »Spencer hat Agrarwissenschaft am Davis studiert.«

Bryn Mawr? Spencer? Bio-Bauernhof? Was sind denn das für Leute? Sandy musste sich innerlich ermahnen, sich zusammenzureißen.

»Ich habe einfach ein Problem damit«, sagte Charlotte. »Und ich finde es auch nicht in Ordnung, dass sich jetzt so last minute noch was ändert.«

»Ich mach das doch nicht, um dich zu ärgern«, beteuerte Steve. »Ich will bloß nicht zwei Tage am Stück mit meinen Eltern verbringen. Das macht einfach keinen Spaß. Würdest du doch auch nicht wollen, oder?«

»Doch, würde ich. Ich sehe meine Eltern sowieso nicht oft genug. Aber wieso können wir es dieses Wochenende nicht einfach machen wie geplant, und du fährst dann das nächste allein zu den Snyders?«

»Was ist denn genau das Problem?«, fragte Sandy.

»Das haben wir doch schon letztes Mal besprochen. Ich möchte meine Kinder in Sicherheit wissen, wenn ich nicht da bin. Ich traue Steve nicht zu, dass er sich gut um sie kümmert. Und auf so einem Bauernhof kann alles Mögliche passieren.«

»Wieso vertrauen Sie Steve in dieser Sache nicht?«, fragte Sandy.

»Er war in der Vergangenheit nicht gerade verlässlich, und ich wüsste nicht, wieso sich das auf einmal geändert haben soll. Ich hätte kein Problem damit, wenn er seine Mutter bittet, mal eben auf die Kinder aufzupassen, wenn er sich überfordert fühlt. Seiner Mutter vertraue ich. Aber Tina Snyder ganz sicher nicht, die ist nämlich absolut hohl.«

»Wieso sollte Steve so jemandem dann die Kinder überhaupt anvertrauen wollen?« Und wie hohl konnte diese Frau schon sein, wenn sie am Bryn Mawr gewesen war?

»Steve verliert schnell die Konzentration«, gab Charlotte zurück. »Und Tina Snyder hat überhaupt gar keine.«

»Gut, als ich noch Tag und Nacht gearbeitet habe, war ich manchmal zu müde, um mich mit den Kindern zu beschäftigen«, gab Steve zu. »Und manchmal hab ich mich insgesamt wie ein Idiot benommen. Aber das ist jetzt anders. Ich verbringe mittlerweile gern Zeit mit den beiden. Wir haben zwei tolle Kinder.« Er sah Charlotte an. »Du weißt schon, dass ich die beiden unglaublich liebhab, oder?«

»Na, herzlichen Glückwunsch zu der Erkenntnis, dass du deine Kinder liebst! Du hättest dich aber früher viel mehr kümmern müssen.«

»Ich weiß.«

Charlotte setzte eine resolute Miene auf. »Alles klar, dann sage ich das Wochenende eben ab, und komme Freitagabend zurück.«

»Moment mal«, sagte Sandy, »das ist ja nun keine Lösung, und Sie sollten die Diskussion ohnehin nicht einfach so beenden. So schlimm klingt dieser Bauernhof in Mendocino doch gar nicht!«

»Ist er auch nicht«, stimmte Steve zu. »Da gibt's Kaninchen und Ziegen und Biogemüse.«

»Da herrschen chaotische Zustände!«, rief Charlotte.

»Na und?« Jetzt war auch Steve laut geworden. »Wo ist das Problem?« Er klang genervt. »Ich meine, das ist ja nun nichts Neues in unserem Leben. Die Trennung hat mich erwischt wie ein Vorschlaghammer. Ich stand völlig neben mir. Ich hab die Welt nicht mehr verstanden. *Das* waren chaotische Zustände. Ich hatte fast einen Autounfall mit den Kindern hinten drin. Jetzt finde ich langsam aus dem ganzen Chaos wieder raus. Mir geht auf, dass ich mitentscheiden kann. Ich darf auch Pläne machen.«

»Und deshalb bist du jetzt völlig übergeschnappt, oder was?«, fragte Charlotte.

»Was wollen Sie damit sagen?«, hakte Sandy nach.

»Wir waren in zehn Jahren genau ein einziges Mal auf diesem Bauernhof, und Steve fand es schrecklich da. War doch so! Los, sag du's ihr, Steve.«

»Ich war damals ein Idiot«, erklärte Steve. Es schien von Herzen zu kommen. »Ich war intolerant und konnte nicht akzeptieren, dass es Leute gibt, die ihr Leben anders leben als ich. Das bereue ich mittlerweile aber. Kann ich nicht mal was dazulernen?«

Das hoffe ich für dich, dachte Sandy.

Steve schüttelte erschöpft den Kopf und sah Charlotte bittend an. Er wollte Vergebung von ihr. Er wollte Absolution.

Das kannst du vergessen, dachte Sandy.

»Ich freue mich richtig auf den Bauernhof. Ich bin gespannt, wie es jetzt da aussieht.« Es klang ehrlich.

Sandy bemerkte, dass Charlotte Tränen in den Augen hatte. Meine Güte. »Wie fanden *Sie* es denn damals dort?«

»Habe ich doch gerade gesagt«, antwortete Charlotte.

»Sie haben mir nur gesagt, wie Steve es fand.«

»Sehen Sie denn nicht, dass er mir nur weh tun will, weil ich nach New York fahre?«

»Sie erklären mir schon wieder Steves Gedanken und Gefühle, dabei habe ich nach Ihren gefragt.«

»Sind Sie etwa auf seiner Seite?« Charlotte klang geradezu drohend. »Er und ich hatten eine Abmachung: Er fährt mit den Kindern zu seinen Eltern.«

»Und jetzt will er eben mit ihnen auf einen Bio-Bauernhof«, entgegnete Sandy. »Aber warum haben Sie ein Problem damit? Was haben Sie gegen diesen Hof?«

»Ach, der ist mir doch völlig egal. Ich bin nur sehr, sehr wütend wegen dieser ganzen Sache.«

»Und das kommt auch bei mir an, glauben Sie mir. Ich verstehe nur nicht, warum.«

»Ich übrigens auch nicht«, warf Steve ein.

Stille. Charlotte sah zu Boden. Sie versuchte etwas zu sagen, konnte es jedoch nicht. Sie brauchte einen Moment, um sich zu sammeln.

»Ich war unglaublich glücklich da«, sagte sie leise. »Ich liebe diesen Bauernhof. Ich wollte das auch alles haben. Die Möhren, die Kaninchen, die dämlichen fröhlichen Ziegen. Ich wollte das alles so sehr auch haben.«

Sie sah traurig zu Steve. »Ich wäre so gern noch mal dahingefahren, aber du wolltest ja nie.«

Einen Moment lang blieb die Zeit stehen, Steve und Charlotte sahen einander an, Charlotte sagte ihm ehrlich, was sie verletzt hatte, und Steve ging langsam auf, wie sehr er ihr tatsächlich weh getan hatte.

»Es tut mir so leid«, sagte er.

8

Sandy bog auf den kleinen Parkplatz neben dem Bürogebäude ein. Sie stellte den Motor ab und saß erst einmal nur da. Ein herrliches Gefühl, einfach so im Auto zu sitzen und nichts zu tun. Sie musste keinen der vielen Ärzte ihrer Mutter anrufen, keinen Anwalt und auch nicht das Pflegeheim. Sie musste auch nirgendwo hinfahren. Sie hatte drei stressige Wochen hinter sich, es war weiß Gott nicht einfach gewesen, ihre Mutter Heidi, die sich mit Händen und Füßen dagegen gewehrt hatte, im Oaks unterzubringen. Aber das war nun vorbei.

Ihre Mutter hatte sich vor drei Wochen zu Hause Badewasser eingelassen, aber vergessen, es wieder abzudrehen. Dummerweise hatte sie vorher den Überlaufschutz verschlossen, weil sie die Wanne gern bis ganz oben hin voll hatte. Also war das Wasser eine halbe Stunde lang ununterbrochen gelaufen, erst auf den Badezimmerfußboden und dann in die Wohnung darunter. Es war nur Wasser, klar, aber Sandy sah schon vor sich, wie es das nächste Mal der Herd war, den ihre Mutter vergaß, und am Ende noch das ganze Haus in die Luft flog.

Eigentlich sollte eine Mutter in solch einer Situation einsehen, dass es ein Problem gab, und es gemeinsam mit ihrer Tochter angehen. Mit Heidi lief das leider anders. Sandy redete mit ihren Ärzten und einem Anwalt, damit sie ihr halfen, ihre Mutter zu überzeugen, und trotzdem war es ihr nicht gelungen. Heidi war mit dem Taxi zu ihrem Wochenendhaus in Inverness gefahren und hatte sich dort verbarrikadiert. Sandy musste sich ständig mit neuen Problemen herumschlagen, hatte sie eins bewältigt, klopfte schon das nächste an.

Am Ende hatte sie es dann doch geschafft, ihre Mutter war nun im Oaks untergebracht, wo man großen Wert auf Sicherheit legte. Sollte Heidi doch versuchen, von da nach Inverness abzuhauen! In den Zimmern waren versteckte Kameras in den Lampen, es gab nur einen Ausgang, und dort standen Wachmänner. Die Einrichtung wirkte wie ein schickes Hotel, aber in Wahrheit war es ein Hochsicherheitsgefängnis für reiche alte Unruhestifter.

Früher oder später würde sich Sandy noch mit dem Verkauf des C63 und der Wohnung ihrer Mutter beschäftigen müssen, aber das hatte erst einmal

Zeit. Darum konnte sie sich irgendwann in Ruhe kümmern.

Sandy stieg aus ihrem Prius. Am Parkplatzrand lag wie immer der Schlafsack. Ihr Obdachloser. Heidi hätte ihm garantiert eine Dusche mit dem Gartenschlauch verpasst oder ihn überfahren. Auf jeden Fall hätte sie zumindest die Polizei gerufen, um ihn wegbringen zu lassen.

Aber wo war denn sein Einkaufswagen? Er stand nicht wie sonst neben ihm. Ihre Mutter wohnte für hundertfünfzigtausend pro Jahr im Oaks, und ihr Obdachloser wohnte in einem Schlafsack. Du hast es ganz schön leicht im Leben, Mom. Aber eigentlich hatte ihre Mom es auch wieder nicht leicht gehabt. Sie kämpfte seit je gegen das Leben an, ohne dass jemals einer der beiden gewann, und mittlerweile ging es weder vor noch zurück, der Ringrichter hatte beide in ihre jeweiligen Ecken geschickt, und da saßen sie nun, sahen einander an und warteten auf den Gong zur nächsten Runde.

Sandy holte zwanzig Dollar aus dem Portemonnaie, ging hinüber zu dem Schlafsack und schob den Schein unter den Rand. Ihr Obdachloser würde ihn dort finden.

Sie kam an dem kleinen Bronzeschild vorbei, das ihre Mutter an der Wand hatte anbringen lassen. EIN GESCHENK VON MEINER GELIEBTEN UND GROSSZÜ-

GIGEN MUTTER HEIDI HYLAND. Ihre Mutter hatte das Schild selbst anfertigen lassen und die Inschrift festgelegt. Wie es dieser Frau bloß immer gelang, ihre völlig eigene Realität zu erschaffen! Na gut, es war aber auch wirklich ein schönes Haus. Danke, Mom.

Sandy stieg die Treppe hinauf, schloss das Büro auf und setzte sich an ihren Schreibtisch. Keine Anrufe in Abwesenheit, keine Termine, nur Steve und Charlotte in einer Viertelstunde und danach noch drei weitere Klienten. Der Tag lag vor ihr wie ein friedlicher See.

Sie sah sich in ihrem Büro um. Ihr Blick fiel auf den grünen Sessel. Weder Steve noch Charlotte hatten bis jetzt danach gefragt – wieso er da stand, wieso er so gar nicht zur restlichen Einrichtung des Büros passte.

Sandy sah auf die Uhr. Sie hatte noch fünf Minuten. Aus dem Augenwinkel nahm sie eine Bewegung wahr. Sie sah wieder zu dem grünen Sessel. Na, bist du jetzt da? Zeigst du dich endlich?, dachte Sandy.

9

Hatten Sie beide schon Gelegenheit, noch mal in Ruhe miteinander zu sprechen, seit Charlotte aus New York zurück ist?«, fragte Sandy.

Steve verneinte.

»Ich war total müde«, sagte Charlotte. »Und dann mussten wir ja auch noch die Kinder von ihm zu mir bringen.« Sie sah Steve an. »Wenn du übrigens irgendwas über das Wochenende wissen willst, frag ruhig.«

»War's schön?«

»Teilweise ja, teilweise nicht. Und bei euch auf dem Bauernhof?«

»Tina hat mich gefragt, was ich mache, wenn du in New York bleibst und mit Bill zusammenziehst. Das fand ich eine ziemlich gute Frage. Und mir ist aufgegangen, dass ich dann ein Haus kaufen und die Kinder allein großziehen würde.«

Charlotte schüttelte den Kopf. »Wenn ich nicht mehr da wäre, würdest du dir sofort eine Neue suchen, und die würde dann die Kinder großziehen.«

»Glaube ich nicht. Aber darum geht's ja auch gar nicht. Tinas Frage hat wirklich was in mir losgetreten. Ich habe überlegt, wieso eigentlich nicht ich die Kinder großziehe. Wieso krieg ich sie nur jedes zweite Wochenende?«

»Und zwei Nachmittage die Woche nach der Schule«, fügte Charlotte hinzu.

»Ja, aber trotzdem. Und mir ist noch was aufgegangen. Auf dem Bauernhof da hat jeder sein eigenes kleines Projekt. Jedes Kind hat einen kleinen Garten für sich. Und die pflanzen da, was sie wollen. Die Eltern mischen sich nicht ein. Otis, der Älteste, zieht ein Ferkel auf und will damit irgendwann zu einer Landwirtschaftsausstellung. Und die kleine Dolly kümmert sich um ein paar Frösche.«

Sandy beobachtete, wie sich ein Schatten über Charlottes Gesicht legte. Das fandest du doch neulich noch so toll. Jetzt etwa nicht mehr?, wunderte sich Sandy.

»Wirklich cool, was die da alles haben«, fuhr Steve fort. »Gänse, Kaninchen, Hühner … die Kinder haben ein richtig ausgefülltes Leben.«

»Ja, und sie wohnen in Mendocino«, erwiderte Charlotte schneidend. »Total weit ab vom Schuss. Du willst doch nicht wirklich mit unseren Kindern auf einen Bauernhof ziehen. Das meinst du nicht ernst, oder?«

Unsere Kinder, dachte Sandy. Charlotte versuchte offensichtlich, die Unterhaltung wieder auf sichereres Terrain zurückzuholen.

»Nein, natürlich nicht, mir ist nur aufgefallen, dass ich so was überhaupt nicht mit unseren Kindern mache. Keine Projekte, meine ich. Wir erschaffen nichts, wir ziehen keine Tiere groß. Deshalb würde ich gern damit anfangen.«

»Mach doch«, antwortete Charlotte. »Hält dich ja keiner davon ab.«

Ach Charlotte, dachte Sandy. Hast du immer noch nicht gemerkt, dass der Zug genau auf die Stelle zurast, wo du gefesselt auf den Schienen liegst?

»Dazu bräuchte ich aber mehr Zeit mit den Kindern«, sagte Steve. »Richtig Zeit, nicht nur ein paar Stunden. Ich hab gestern ein Haus gemietet.«

Jetzt hatte Charlotte verstanden. Deutlicher ging es ja auch nicht mehr.

»Und du willst da mit den Kindern hin?«, fragte sie.

»Ja.«

»Wie wäre es denn, wenn du vorher vielleicht mal Rücksprache mit mir hältst, anstatt gleich Nägel mit Köpfen zu machen? Ich möchte bitte gefragt werden, wenn du die Kinder irgendwohin mitnimmst.«

»Du kannst dir das Haus gern ansehen kommen.«

»Wo ist es denn überhaupt?«

»In den Avenues.«

Charlotte setzte sich kerzengerade auf. »Das ist doch aber viel zu weit weg von meiner Wohnung!«

»Eine Viertelstunde mit dem Auto – wenn man gut durchkommt, sogar weniger«, erwiderte Steve.

Die Avenues waren ein sehr ruhiger Stadtteil, absolut unhip. Viele asiatische Familien, viele Mittelschichtfamilien. Wenig Kriminalität, wenig Charme. Schlechte Restaurants.

»Ich versteh das alles nicht«, sagte Charlotte. Und das tat sie tatsächlich nicht, denn noch war ihr nicht klar, dass sie einen neuen Steve erschaffen hatte.

»Das Haus hat einen Garten, das ist super für die Kinder, und ein paar Straßen weiter ist ein Spielplatz«, sagte Steve. »Ich kann da ein richtiges Familienleben mit ihnen haben. Wir können Projekte machen. Da haben wir endlich genug Platz für so was.«

»Was soll das alles eigentlich?«, fragte Charlotte wütend.

»Ich brauche einfach nur eine Wohnung, wo ich mich wirklich um die Kinder kümmern kann. Ich will mehr für sie als alle zwei Wochen eine Nacht auf einer Luftmatratze bei mir.«

»Willst du etwa unsere Abmachung ändern?«, fragte Charlotte. Es klang fast drohend. »Das wäre nämlich eine große Sache.«

Sandy griff nicht ein.

»Das ist mir klar«, antwortete Steve.

»Und wie stellst du dir das vor?«

»Ich will am Leben meiner Kinder teilhaben. Ich würde es gern so einrichten, dass sie immer abwechselnd eine Woche bei mir und eine bei dir sind. Ich weiß noch nicht genau, wie wir das machen, aber das wäre mir am liebsten.«

Er sah sie gespannt an.

Charlotte schüttelte den Kopf. »Ich fasse es nicht, dass du mir jetzt mit so was kommst.« Sie sah hilfesuchend zu Sandy. Die konnte ihr jedoch nicht helfen. »Du willst mir also die Kinder wegnehmen?«

»Auf gar keinen Fall! Ich will nur mehr an ihrem Leben teilhaben.« Steve beugte sich ein Stück vor und sah Charlotte flehentlich an. »Ich habe mir das genau überlegt. Mir ist aufgegangen, dass das alles miteinander zusammenhängt. Wenn man irgendwo einen Stein rausnimmt, fällt gleich alles in sich zusammen. Und dann muss man alles wiederaufbauen, nur diesmal anders. Ich will mehr Zeit mit den Kindern verbringen. Dafür muss ich ihnen ein richtiges Zuhause bieten. Und dafür muss ich auch meine Arbeitszeiten ändern.«

Charlotte sah wieder Sandy an, dann Steve. »Du willst die Kinder eine ganze Woche am Stück? Wie willst du das denn anstellen? Du kannst ja nicht mal kochen.«

»Dann lerne ich es eben. Kann ja nicht so schwer sein.«

»Bill meinte schon, dass du wahrscheinlich so was abziehst«, sagte Charlotte. »Nachdem du rausgefunden hattest, dass ich das Wochenende mit ihm verbringe.«

»Das hier hat absolut nichts damit zu tun, sondern nur mit uns. Unsere Gespräche hier haben mir klargemacht, dass ich was ändern muss.«

»Nach all der Zeit ist dir also plötzlich aufgegangen, dass du vielleicht mal ein bisschen mehr am Leben der Kinder teilhaben solltest, ja?« Charlotte klang wieder fast drohend. »Damit habe ich wirklich nicht gerechnet. Ich wusste, dass manche Männer so sind, ich wusste schon, dass es theoretisch passieren kann, aber ich hätte nie gedacht, dass du auf so eine Idee kommst. Wann soll denn deine große Veränderung starten?«

»Ich lass das Haus gerade renovieren, und dann muss ich noch Möbel kaufen. Aber damit bin ich in spätestens einer Woche fertig.«

»Ich will das Haus sehen.«

»Gerne, jederzeit.«

»Ich möchte es mir aber allein ansehen, wenn du nichts dagegen hast. Kannst du mir die Adresse geben und den Schlüssel dalassen?«

»Klar«, sagte Steve.

Charlotte sah Sandy an. »Sagen Sie doch auch mal was!«

»Ich denke, Steve hat recht«, sagte Sandy. »Auf lange Sicht ist es auf jeden Fall besser für die Kinder, und es gehört nun mal auch zum Trennungsprozess dazu, den Sie gerade durchmachen.«

»Es soll besser für die Kinder sein, wenn sie jede Woche woanders wohnen? Ist das Ihr Ernst?«

»In diesem speziellen Fall, ja.«

Charlotte schüttelte den Kopf. »Das macht mich alles so unglaublich traurig.« Sie sah auf. »Sandy nennt das ›Teil des Trennungsprozesses‹, aber eigentlich meint sie damit, dass wir direkt auf die Scheidung zusteuern. Das ist dir klar, oder?«, sagte sie zu Steve.

»Das habe ich damit nicht gemeint«, stellte Sandy richtig. »Eine Trennung ist eine wichtige Voraussetzung dafür, dass man eventuell wieder zusammenkommt. Das mag paradox klingen, ist es aber nicht. Und dass Steve sich mehr um die Kinder kümmert, ist Teil dieses Prozesses.«

»Das ist doch reines Psychogeschwätz«, sagte Charlotte.

Sandy widersprach ihr nicht. Charlotte hatte auf stur geschaltet.

»Wieso«, fragte Steve, »glaubst du, dass wir auf eine Scheidung zusteuern?«

»Du denkst wahrscheinlich, dass ich mich jetzt von dir scheiden lassen will, weil ich sauer auf dich bin. Das ist es nicht. Sandy bringt uns nur gerade bei, wie man sich scheiden lässt. Sie bringt uns bei, wie wir uns dabei nicht umbringen. Wir werden lernen, wie wir das mit den Kindern machen, wie wir ihre Termine so legen, dass es mit unseren eigenen zusammenpasst. Wie wir dafür sorgen, dass wir nichts Wichtiges vergessen, keine Sachen oder die Hausaufgaben, wenn wir die Kinder am Wochenende übergeben. Wie wir uns von ihnen verabschieden, ohne dass sie Angst haben, dass wir nicht wiederkommen. Wie wir so tun können, als würden wir einander respektieren, damit sie als Jugendliche nicht zum Therapeuten müssen.«

»Wir lassen uns doch aber gar nicht scheiden«, warf Steve ein. »Wir lassen uns nicht scheiden, oder?«

»Weißt du doch nicht. Du bist am Ende wahrscheinlich eh derjenige, der es als Erster vorschlägt. Du hast ohnehin dein neues Haus und dein neues Leben. Oder vielleicht mach ich's dir auch schön einfach und sterbe einfach.«

Sandy musste bei Charlottes Anblick an eine schöne Schlange denken, den glänzenden Kopf zurücklegt, in Angriffsstellung, bereit vorzuschießen. Ob Steve sie auch so sah?

»Wenn es nicht funktioniert, finden wir eben eine neue Lösung«, sagte Steve.

»Mir tut das einfach alles zu sehr weh. Ich habe diese Spielchen satt. Wenn es das ist, was du willst, dann bitte schön.« Charlotte stand abrupt auf. »Ich weiß, die Stunde ist noch nicht um, aber ich bin völlig fertig, ich habe genug für heute. Ich fahre jetzt nach Hause. Wir können ja nächste Woche weitermachen.« Sie griff nach Jacke und Tasche.

»In Ordnung«, sagte Sandy. »Dann bis nächste Woche.«

In der Tür drehte sich Charlotte noch einmal um. »Bring mir nachher noch den Schlüssel und deine neue Adresse, ja? Meine Wohnung liegt ja auf dem Weg.«

Und dann war sie weg.

Steve und Sandy saßen mehrere Minuten schweigend da und ließen Charlottes Abgang auf sich wirken. Schließlich brach Sandy das Schweigen.

»Wie geht's Ihnen damit?«, fragte sie leise.

»Ich bin auch traurig«, antwortete Steve. »Ich glaube, sie hat recht. Wir lernen gerade, wie man sich scheiden lässt. Bis jetzt, wo die Kinder immer nur ab und zu bei mir übernachtet haben und alles so provisorisch war, haben wir eigentlich nur Trennung gespielt. Aber jetzt ist es ernst geworden. Ich glaube, wir können nicht mehr zurück.«

»*Sie* können nicht zurück«, verbesserte Sandy ihn. »Und ich glaube, das wollen Sie auch gar nicht.«

Steve sah sie unglücklich an. »Da haben Sie recht. Ich will nicht, dass es wieder so wird wie früher. Ich habe meine Ehe nicht ernst genommen. Ich habe ein paar schlimme Fehler gemacht.«

»Was meinen Sie, warum Charlotte so traurig ist?«

»Hat sie doch gesagt. Weil sie denkt, dass wir uns jetzt scheiden lassen.«

»Und warum macht sie das traurig?«

Steve dachte nach. »Na ja, wir hatten ja mal gemeinsame Pläne, Träume. Und die gibt man natürlich nicht gerne auf. Sie dachte, wir würden eine glückliche Familie sein, tolle Kinder haben und für immer zusammenbleiben. Und ich habe sie eben enttäuscht, was das angeht.«

»Stimmt«, sagte Sandy. »Genau das geht Charlotte gerade durch den Kopf. Aber Bill haben Sie gar nicht erwähnt. Wieso nicht? Charlotte hat immerhin gerade das Wochenende mit ihm verbracht.«

»Sie meinen, Bill spielt bei der ganzen Sache eine

Rolle für sie?« Steve klang überrascht. War er das wirklich? Er schien es tatsächlich erst jetzt in Erwägung zu ziehen, nachdem Sandy es angesprochen hatte.

»Nein, glaube ich nicht«, beruhigte sie ihn. »Aber was geht wohl noch in ihr vor?«

»Vielleicht hat sie Angst. Habe ich jedenfalls total. Diese ganze Angelegenheit ist ja auch einfach nur schrecklich.«

»Sie hat bestimmt auch Angst, ja.«

»Ich muss jetzt ganz vorsichtig sein«, sagte Steve leise und bedeutungsvoll zu sich selbst.

Was er wohl damit meint?, überlegte Sandy. Dass er sich vor Charlotte in Acht nehmen müsste, weil sie in ihrer Angst zu allem fähig wäre? Oder dass er aufpassen müsste, dass der winzige Funke Hoffnung, den es immer noch zwischen ihnen gab, nicht in den dunklen, heftigen Stürmen erlosch?

10

Sandy lauschte: Kein Bollern auf dem Parkplatz. Kein tiefes Grollen. Steve kam heute ganz ohne automobile Ankündigung ins Büro spaziert und setzte sich.

»Wo haben Sie denn Ihr Auto gelassen?«, fragte sie ihn.

»Hab ich verkauft. Ich bin jetzt stolzer Besitzer eines Subaru. Hab draußen neben Ihrem Prius geparkt. Die Eltern vom Kindergarten stehen alle total auf den Subaru Outback. Der hat Allradantrieb, mit dem kann man sogar durch Schnee.«

Charlotte warf ihm einen unzufriedenen Blick zu. »Ich möchte aber bitte informiert werden, bevor du mit den Kindern irgendwohin fährst.«

»Natürlich.«

Steve hatte gerade die erste Woche allein mit den Kindern in seinem neuen Haus hinter sich. Jetzt wohnten sie wieder bei Charlotte.

»Was habt ihr denn so unternommen?« Charlotte bemühte sich um einen gelassenen Tonfall.

»Nichts Besonderes, wir waren eigentlich fast die ganze Zeit zu Hause.«

»Fast? Geht das auch ein bisschen genauer?«

»Wir waren in Stinson Beach auf dem Spielplatz und sind Karussell gefahren. Wir waren auf mehreren Spielplätzen.«

»Ah, dann meinte Chris das Karussell. Er hat von einem ›Hoch-und-runter-Dings‹ geredet, aber ich wusste nicht, was er meinte.«

»Ja, er nennt Karussells so, weil die Tiere so hoch- und runtergehen.«

»Ich möchte jedenfalls vorher informiert werden, wenn du mit den Kindern in deiner Woche irgendwohin fährst«, sagte Charlotte.

»Und wofür gilt das? Für Stinson Beach? Napa? Ich meine, wenn ich irgendwo mit ihnen übernachte, sage ich dir natürlich Bescheid, aber wenn wir zum Beispiel bloß zur Promenade nach Santa Cruz wollen? Muss ich dir das auch vorher sagen?«

»Was ist denn so schlimm daran, wenn Sie sich vorher mitteilen, was Sie mit den Kindern unternehmen wollen?«, warf Sandy ein. »Wieso ist das so ein Streitpunkt zwischen Ihnen?«

Steve und Charlotte schwiegen und dachten nach.

»Gut, lass uns das machen«, sagte Steve schließlich.

»Aber Sie tun es ja eben nicht«, erwiderte Sandy.

»Und mich würde interessieren, was dahintersteckt.«

»Also das stimmt ja nun nicht«, warf Charlotte ein. »Wir haben doch gerade erst mit diesem neuen System angefangen, dass die Kinder abwechselnd die Woche bei uns verbringen.«

»Sie teilen sich die beiden seit drei Monaten«, widersprach Sandy. »Wieso reden Sie bloß nicht miteinander?«

»Tun wir doch«, sagte Charlotte.

»Ach kommen Sie.« Sandy sah Steve an. »Haben Sie Charlotte letzte Woche auch nur ein einziges Mal angerufen?«

»Nein«, antwortete Steve.

»Wieso nicht? Hätten Sie sie angerufen, wenn Sie nach Santa Cruz gefahren wären?«

»Sie sollte Zeit für sich haben. Ich wollte sie nicht stören.«

»Ich hätte aber gern, dass Sie sie stören. Ich glaube nämlich nicht, dass es Ihnen wirklich darum ging. Ich glaube, Sie hatten Angst, dass Charlotte vielleicht gerade Männerbesuch hat, wenn Sie anrufen.«

Damit hatte sie anscheinend den Nagel auf den Kopf getroffen.

»Ich will nun mal keine Überraschungen«, sagte Steve.

»Können wir jetzt bitte wieder über die Kinder reden?«, fragte Charlotte.

Sandy beharrte nicht weiter auf dem Thema. Sie war sicher, ein paar Landminen gelegt zu haben, die später explodieren würden.

»Klar.«

»Ich möchte genau wissen, was vor sich geht, wenn Steve die Kinder hat«, sagte Charlotte.

»Geht klar«, antwortete Steve. »Wo wir gerade dabei sind: Ich habe sie für einen Kurs an der Academy of Sciences angemeldet. Ist das in Ordnung?«

»Ich wüsste auch gern Bescheid, bevor du die Kinder irgendwo anmeldest.«

»Der Kurs hat ja noch nicht angefangen. Es war ›Wer zuerst kommt, mahlt zuerst‹, deshalb habe ich sie einfach schon mal angemeldet. Aber wenn du was dagegen hast, kann ich da auch wieder absagen.«

»Was ist das denn überhaupt für ein Kurs?«

»Töpfern.«

»Sind sie dafür nicht noch ein bisschen klein?«

»Sie arbeiten ja nicht richtig mit einer Töpferscheibe oder so, sie matschen einfach ein bisschen mit Ton rum.« Steve musste lachen.

»Was ist denn daran so witzig?«

»Nichts, ich musste nur an was denken. Du lachst

mich bestimmt dafür aus. Ich mache jetzt einen Kochkurs!«

Sandy fiel auf, dass Steve geradezu übermütig wirkte. Er war zur Abwechslung einmal richtig gut gelaunt. Lag das vielleicht an dem Kochkurs? Oder an der Kursleiterin?

Charlotte schüttelte nur den Kopf und sah dann Sandy an. »Besprechen wir heute noch irgendetwas? Etwas Wichtiges?«

»Ich finde die Sachen durchaus wichtig, über die wir bis eben geredet haben«, erwiderte Sandy. »Aber vielleicht haben Sie ja etwas Bestimmtes im Hinterkopf?«

»Ich will nur nicht meine Zeit hier verschwenden, davon habe ich nämlich nicht allzu viel, und Geld übrigens auch nicht.«

Na komm, dachte Sandy. Das mit dem Geld haben wir doch schon ganz am Anfang geregelt. Worum geht's dir wirklich?

»Wie meinen Sie das jetzt?«, fragte sie.

»Ich habe einfach das Gefühl, dass unsere Arbeit hier beendet ist. Steve und ich teilen uns die Kinder, wir haben einen Zeitplan dafür aufgestellt – was gibt es denn sonst noch zu bereden?«

»Eine ganze Menge, würde ich sagen«, antwortete Sandy.

»Steve hat das Ganze hier viel gebracht, das ist

klar«, entgegnete Charlotte. »Er hat sich verändert, und das war ja auch bitter nötig. Freut mich für ihn. Aber mir hat es nicht so viel gebracht, finde ich. Ich muss doch nicht herkommen, um mir von seinem Kochkurs erzählen zu lassen.«

»Wieso nicht? Mich persönlich interessiert das brennend. Ich würde zum Beispiel gern wissen, ob die Kursleiterin eine wunderschöne Italienerin ist, die Steve Privatstunden gibt.«

»Genau das möchte ich eben nicht wissen«, sagte Charlotte.

»Wieso denn nicht? Steve, bei wem lernen Sie kochen?«

»Die Kurse werden alle von Profis gehalten, die auch in dem Beruf arbeiten.«

»Und wie heißt *Ihr* Profi?«

»Gabriella.«

Charlotte warf Sandy einen Blick zu, der deutlich zeigte, wie gemein sie diese Frage gerade fand. »Das macht mich alles nur noch traurig«, sagte sie.

»Wenn ich Sie richtig verstehe, sehen Sie die Sache im Moment so: Sie haben die äußeren Umstände, also das Praktische dieser Trennung, ganz gut hinbekommen. Der nächste Schritt wäre, einander wirklich zu verstehen. Gemeinsam neue Möglichkeiten zu entdecken, miteinander umzugehen. Aber das möchten Sie nicht.«

»Ja, genau so sehe ich das. Sie meinten doch die ganze Zeit, dass wir uns unbedingt trennen müssen. Okay, sind wir. Was müssen wir denn jetzt noch lernen? Wieso sollte ich noch mehr über Steve und mich nachdenken?«

»Darf ich Sie mal was fragen? Sind Sie glücklich? Darum geht's hier ja unterm Strich.«

»Nein, bin ich nicht«, sagte Charlotte. »Ich schlafe schlecht. Und ich vermisse die Kinder unglaublich, wenn sie bei Steve sind. Also nein, mir geht es ehrlich gesagt überhaupt nicht gut. Aber ständig mit Steve zu reden macht es nur noch schlimmer, habe ich das Gefühl.«

»Und was meinen Sie, woran das liegt?«, fragte Sandy. Sie sah Charlotte dabei an, bemerkte aber im Augenwinkel, dass Steve sich ein wenig vorbeugte, Charlotte ebenfalls ansah, sie geradezu anstarrte, als hinge sein Leben von ihrer Antwort ab. Sandy warf einen Blick auf den grünen Sessel. Sie hatte das Gefühl, dort würde etwas sitzen und zuschauen.

»Einerseits nehme ich Steve diese ganzen Veränderungen einfach nicht ab«, sagte Charlotte. »Ich glaube, er tut nur so. Anderseits – wenn das alles stimmt, dann bricht es mir wirklich das Herz, weil wir miteinander glücklich hätten sein können, wenn er das alles viel früher in Angriff genommen hätte.« Sie sah Steve an. »Ich würde so gern noch etwas für dich empfinden, aber es geht einfach nicht. Es ist nichts mehr da. Du hast meine Gefühle kaputtgemacht, und die kommen auch nicht mehr wieder. Ich kann dir nie wieder vertrauen.«

Charlottes schöne blaue Augen füllten sich mit Tränen.

»Es tut mir so leid«, flüsterte Steve.

»Mir auch.«

Die erste Mine war in die Luft gegangen.

Charlotte erhob sich. »Das war's dann also für mich. Vielen Dank für Ihre Hilfe, Sandy.«

»Wir sind aber noch ganz am Anfang«, sagte Sandy streng. »Wenn Sie jetzt gehen, wäre das völlig verrückt. Das meine ich ernst. Mir ist klar, wie schlecht es Ihnen gerade geht, aber wenn Sie jetzt gehen, wird das alles noch viel schlimmer.« Sandy stand auch auf. »Setzen Sie sich wieder hin!«

Das traf Charlotte wie ein Pfeil. Sie ließ sich in den Sessel fallen und fing an zu weinen. Sandy reichte ihr die Taschentuchbox, aber Charlotte war noch nicht bereit dafür. Sie weinte mit geschlossenen Augen, schluchzte laut und rang nach Luft. Es dauerte fast fünf Minuten, bevor sie sich wieder unter Kontrolle hatte. Sandy reichte ihr erneut die Taschentuchbox, und diesmal griff Charlotte danach.

»Ich bin total übermüdet«, sagte sie. »Ich bin völlig fertig, ich habe letzte Nacht höchstens zwanzig Minuten geschlafen.«

Sie blinzelte und schüttelte den Kopf. »Könnte ich eigentlich noch mal eine Einzelsitzung bei Ihnen machen? Ich würde gern ein paar Dinge ohne Steve besprechen.«

»Natürlich, gern.«

Charlotte sah Steve an. »Keine Angst, es geht dabei nicht um uns beide.«

Wie genau Steve das alles wohl verstand, überlegte Sandy. Er antwortete nicht, wirkte aber erleichtert über Charlottes Hinweis. Als würde sein Leben in einem Roulettekessel Runden drehen, er hätte auf Rot gesetzt und die kleine hüpfende Kugel wäre tatsächlich auf Rot gelandet. Bis auf weiteres in Sicherheit.

11

Erst lief Charlotte mitten in der Sitzung weg, dann wollte sie ganz aufhören. Was war denn los? Charlotte sah offensichtlich etwas auf sich zukommen, dem sie sich nicht stellen wollte. Etwas Schlimmes. Nur was?, überlegte Sandy.

»Tut mir leid, dass ich mich letztes Mal so danebenbenommen habe«, sagte Charlotte.

»Es geht anscheinend gerade sehr viel in Ihrem Inneren vor sich«, antwortete Sandy. »Sie wollten doch nicht wirklich die Therapie beenden, weil zwischen Ihnen und Steve alles geklärt ist.«

»Ich kann nur einfach nicht mehr! Nachdem ich mich von Steve getrennt hatte und in die Stadt gezogen bin, ging es mir anfangs super, ich hatte so viel Energie. Jetzt bin ich nur noch müde und fertig. Diese ganze Sache bringt mich noch um. Ich kann wirklich nicht mehr.«

Sie klang erschöpft.

»Reden wir doch ein bisschen darüber, was im Moment bei Ihnen los ist.«

»Da ist Bill in L. A., mit dem ich seit Monaten fast jeden Tag telefoniere, den ich in der Zeit aber nur viermal gesehen habe. Er ist nun mal verheiratet, und das auch schon zum zweiten Mal. Selbst wenn die äußeren Umstände besser wären – will ich wirklich die dritte Frau von so jemandem werden?«

So jemand, aha. Sandy schwieg.

»Ich bin so einsam, dass ich neulich schon was Dummes gemacht habe, ich habe einfach so mit jemandem geschlafen. Hinterher habe ich es bereut.« Charlotte hob hilflos die Hände. »Obwohl, keine Ahnung, ob ich es wirklich bereue, ich meine, es ist ja eigentlich nichts dabei.«

»Stimmt«, sagte Sandy.

»Aber ich will mehr vom Leben. Ich habe das Gefühl, ich drehe mich nur im Kreis, während Steve die ganze Zeit Fortschritte macht. Ich werde noch wahnsinnig!«

»Sie sehen sehr müde aus.«

»Ich sehe total scheiße aus.«

In Wahrheit sah Charlotte trotz der offensichtlichen Erschöpfung schöner aus denn je. Wovor hast du denn nur so eine Angst?, fragte sich Sandy. »Sie sehen nur müde aus, mehr nicht«, widersprach sie.

»Ich schlafe kaum, ich vergesse ständig etwas, ich bereite mich nicht mehr auf den Unterricht vor … ich bin so unglücklich.«

»Das tut mir leid.«

»Ich muss Ihnen was sagen. Ich bereue die Sache mit diesem Typen unter anderem, weil er mich seitdem nicht mehr in Ruhe lässt. Er meint, ich würde was für ihn empfinden.«

»Einmal hat er Glück gehabt«, sagte Sandy. »Aber so viel Glück dann auch nicht. Und jetzt will er es nicht wieder hergeben.«

»Ich fühle mich irgendwie gefangen. Hin- und hergeworfen.«

»Können Sie diese Gefühle genauer beschreiben?«, bat Sandy und dachte sofort, was für ein Standardspruch das war. Aber egal, wenn es Charlotte dazu brachte, weiterzusprechen …

»Ich fühle mich eben gefangen. Als hätte ich keinerlei Möglichkeiten, keinen Ausweg. Ich habe seit der Trennung noch nicht wieder einen Mann kennengelernt, mit dem ich eine Beziehung wollen würde. Außer Bill, und die Sache liegt mehr oder weniger in den letzten Zügen.«

»Wieso das?«

»Immer nur telefonieren reicht einfach nicht. Die Beziehung gibt mir nichts mehr.«

»Wie ist das für Sie, wenn Sie beide telefonieren?«, fragte Sandy.

»Früher habe ich ihm alles erzählt, er war wie mein Seelenverwandter, er hat mir so geholfen. Er hatte das alles ja schon einmal durch. Jetzt ist es aber anders.«

»Was ist anders?«

»Ich weiß es nicht.«

»Ich könnte mir vorstellen, woran es liegt. Vielleicht kann Bill Ihnen einfach nicht mit den Themen helfen, die Sie gerade beschäftigen, weil Sie noch verheiratet sind, und er ist nun mal Scheidungsexperte.«

»Aber meine Themen sind doch noch die gleichen«, sagte Charlotte.

»Wir haben uns drei Monate lang mit der praktischen Seite einer Trennung beschäftigt. Steve musste erkennen, dass er eine eigene Wohnung braucht. Sie mussten Ihren Frieden damit machen, dass Steve sich auch mal allein um die Kinder kümmert. Und jetzt müssten Sie beide herausfinden, ob es Ihnen möglich ist, einander besser zu verstehen.«

»Ich möchte nicht wieder mit Steve zusammen sein.«

»Tut mir leid, aber das glaube ich Ihnen nicht. Sie erzählen mir doch die ganze Zeit, dass eigentlich niemand anderes in Frage kommt. Bill ist nicht der Richtige für Sie. Der One-Night-Stand auch nicht. An wen denken Sie die ganze Zeit? Steve. Oder etwa nicht?«

»Ja, ich werde den Kerl einfach nicht los!«, fauchte Charlotte.

»Ich weiß. Weil Sie eben noch nicht mit ihm abgeschlossen haben. Es gibt offensichtlich noch das eine oder andere zwischen Ihnen zu klären.«

»Vielleicht. Aber wenn es gar nicht mehr ginge, würde ich ihn schon loswerden. Ich würde mir den besten, ausgebufftesten Anwalt nehmen und Steve einfach zur Scheidung zwingen.«

»Aber Sie wollen eigentlich keinen Anwalt, oder?«

»Natürlich nicht, ich hasse Anwälte«, sagte Charlotte böse. »Aber ich lasse mich auch sicher nicht herumschubsen.«

»Also ist Ihr Plan: Falls Steve Ihnen weh tut, nehmen Sie sich einen Anwalt und lassen ihn dafür bluten.«

»Vielleicht. Ich bin nicht zu hundert Prozent sicher.«

»Kann ich Sie mal was fragen?«

Charlotte nickte. »Natürlich.«

»Was empfinden Sie im Moment für Steve?«

»Ich weiß es nicht. Ich weiß es nicht!« Charlotte hob hilflos die Arme. »Ich weiß es ehrlich nicht. Ich hätte schon gern, dass er ein bisschen leidet, aber es prallt ja alles an ihm ab. Er landet immer wieder auf den Füßen.«

»Ich bin mir sicher, dass er sehr gelitten hat. Und es immer noch tut«, entgegnete Sandy.

»Ich habe da so meine Zweifel.«

»Steve hat Sie so verletzt, dass Sie sich nicht sicher sind, ob Sie jemals wieder mit ihm zusammenleben möchten. Aber was, wenn es Ihnen gelingen würde, eine neue Beziehung zueinander aufzubauen, in der Sie beide die Verletzungen und den Schmerz hinter sich lassen können? Wenn Steve sich weiter ändern würde?«

»Das klingt nicht sehr realistisch.«

»Aber Sie hätten es ja in der Hand. Warum lassen Sie es nicht einfach darauf ankommen und schauen, wie es läuft?«

»Wieso kriegt Steve eigentlich immer, was er will?« Charlotte war wütend. »Er unterstützt mich nicht bei meiner Arbeit, er ignoriert die Kinder, er ist ein Egomane, er macht hinter meinem Rücken mit anderen Frauen rum. Ist Ihnen klar, dass er mich betrogen hat, während ich gerade um eine Festanstellung gekämpft habe? Genau in der Zeit hat er irgendeine kleine Schlampe gefickt. Und dann soll ich ihm verzeihen? Das hat er doch überhaupt nicht verdient!«

»Ich finde es immer schwer, zu entscheiden, wer was verdient hat und was nicht«, erwiderte Sandy. »Aber wenn Sie damit sagen wollen, dass Steve sich unglaublich glücklich schätzen könnte, wenn Sie ihm noch mal verzeihen, dann sind wir absolut einer Meinung.«

Charlotte beugte sich verschwörerisch vor. »Wollen Sie mal was Verrücktes hören? Erinnern Sie sich noch an Bonny?«

»Ich glaube, von der haben Sie mir noch nicht erzählt.«

»Sie hat mit Steve und mir zusammen studiert, geschieden, zwei Kinder, und wir sind ziemlich eng befreundet, kann man so sagen.«

Ah ja, dann kann ich mir gut vorstellen, was es mit Bonny auf sich hat, dachte Sandy. Ich weiß schon, was jetzt kommt.

»Sie hat mich gefragt, ob es in Ordnung wäre, wenn sie mal mit Steve ausgeht«, fuhr Charlotte fort und verdrehte dabei die Augen.

»Und?«

»Ich habe ihr gesagt, dass mich das nichts angeht und sie gern zuschlagen kann.«

»Und wie sehen Sie es in Wahrheit?«

»Ich denke mir, ich habe Steve auseinandergenommen und zu einem besseren Mann neu zusammengebaut, und jetzt soll Bonny ihn kriegen?«

»Das wäre wirklich verrückt.«

»Schon eine Ironie des Schicksals, nicht?«

»Haben sich die beiden denn schon getroffen?«

»Woher soll ich das wissen?«

»Eine Möglichkeit wäre, Steve zu fragen.«

»Ich möchte nichts mit Steves Privatleben zu tun haben.«

Sandy schüttelte den Kopf. »Sie stellen so viele Regeln auf. Oder vielleicht sollte man eher Mauern dazu sagen. Wieso möchten Sie nichts über Steves Privatleben wissen? Und sagen Sie jetzt nicht, Sie hätten kein Recht dazu. Es geht hier nicht um Recht oder Unrecht.«

»Sein Privatleben geht mich nun mal nichts an!« Charlotte klang gereizt.

»Ja und?«

»Er würde doch dann bestimmt auch über meins Bescheid wissen wollen.«

»Ja und? Es sagt ja keiner, dass Sie ihm davon erzählen müssen. Erst mal geht es doch nur darum, dass er Ihnen von seinem erzählt.«

»Aber das geht doch nicht ohne Gegenleistung. Wenn ich was über seins wissen will, hat er dann nicht auch das Recht, was über meins zu erfahren?«

Sandy schüttelte den Kopf.

»Ich weiß, ich weiß, es geht nicht um Rechte. Aber er wird auf jeden Fall davon ausgehen, dass es mir nichts ausmacht, ihm auch etwas von mir zu erzählen.«

»Den Zahn können Sie ihm ja ziehen. Sagen Sie ihm einfach: ›Ich fühle mich nicht bereit, dir von meinem Privatleben zu erzählen. Ich möchte nur etwas über deins wissen.‹«

»Und Sie meinen, das funktioniert?«, fragte Charlotte ungläubig. Plötzlich musste sie lächeln. »Sie sind ganz schön verrückt.«

Das höre ich nicht zum ersten Mal, dachte Sandy. Sie sah kurz zu dem grünen Sessel hinüber. Charlotte bemerkte ihren Blick.

»Wozu steht eigentlich der grüne Sessel dort? Der passt irgendwie gar nicht in die Praxis hier.«

»Ich finde schon«, sagte Sandy.

Charlotte zuckte nur mit den Schultern.

»Warum sollte das nicht funktionieren?«, nahm Sandy den Faden wieder auf. »Ganz im Ernst. Warum sollte es nicht so laufen, wie Sie das gern hätten? Gerade in Bezug auf Steve. Sagen Sie ihm einfach, was Sie wollen. Mehr müssten Sie ehrlich gesagt gar nicht tun.«

Charlotte schwieg und wich Sandys Blick aus.

»Na gut, reden wir über etwas anderes. Wenn Steve sagen würde, er möchte gern mit Ihnen darüber reden, ob er sich mit Bonny treffen sollte oder nicht: Wie würden Sie reagieren?«

»Ich würde ihm sagen, dass mich das nichts angeht und ich ihn schlecht davon abhalten kann.«

»Aber das stimmt ja nicht«, entgegnete Sandy. »Sie könnten ihn mit Leichtigkeit davon abhalten.«

Charlotte sah sie nachdenklich an. »Ja, könnte ich wahrscheinlich«, sagte sie zögerlich.

»Natürlich. Und ich verstehe ganz generell nicht, warum Sie diese ganzen Regeln aufstellen, worüber Sie mit Steve reden dürfen und worüber nicht. Wenn ich Sie wäre und Bonny mich fragen würde, ob sie mit meinem Mann schlafen darf, würde ich ihn garantiert darauf ansprechen.«

»Sie hat ja nicht gefragt, ob sie mit ihm schlafen darf.«

»Na ja, worum geht's denn aber sonst?«

»Steve und ich sind nun mal getrennt.«

»Da kann ich wieder nur sagen: Ja und? Sie sind noch nicht geschieden. Und selbst wenn Sie es wären, was hat das damit zu tun?«

»Sie wollen also, dass ich mit Steve über Bonny rede?«

»Nein, ich sage Ihnen, dass *Sie* gern mit ihm sprechen würden, sich aber nicht trauen, weil Sie Steve aus den verschiedensten Gründen nicht zu nahe an sich heranlassen wollen.«

»Da haben Sie recht. Es gibt jede Menge gute Gründe für mich, nicht mit Steve über Privates zu reden. Aber Ihrer Meinung nach sollte ich es trotzdem tun?«

»Sie haben ihm gegenüber im Moment sehr widersprüchliche Gefühle. Und wenn Sie dieses Gefühlschaos entwirren wollen, dann sollten Sie sich auf ihn einlassen, ja. Was nicht heißt, dass ich finde, Sie zwei sollten unbedingt wieder zusammenkommen.« Stimmt das eigentlich?, fragte sich Sandy.

»Ich bin so wütend auf ihn«, sagte Charlotte. »Manchmal wird mir ganz schlecht vor Wut. Das bringt mich noch mal um.«

»Darüber sollten Sie zum Beispiel mit ihm reden.« Sandy griff nach Charlottes Hand. Charlotte wehrte sich nicht. »Sie schaffen das! Sie haben schon einen neuen Menschen aus Steve gemacht. Hören Sie jetzt nicht auf!«

12

Bei meiner Einzelsitzung mit Sandy haben wir darüber geredet, wie es mir damit geht, dass du jetzt eine neue Wohnung hast und die Kinder die Hälfte der Zeit übernimmst«, erklärte Charlotte Steve.

Die Kinder ›übernehmen‹. Interessante Formulierung.

»Aha«, sagte Steve.

»Ich habe meinen Frieden damit gemacht, dass ich nichts dagegen tun kann, dass du sie die Hälfte der Zeit hast. Und das Haus ist wirklich schön, muss ich sagen. So viel Platz und dann der Garten. Und es ist so schön ruhig da.«

»Freut mich, dass es dir gefällt.«

»Außerdem habe ich Sandy erzählt, dass Bonny Garvey mich gefragt hat, ob ich etwas dagegen hätte, wenn ihr zwei zusammen ausgehen würdet. Ich habe ihr gesagt, dass wir ja getrennt sind und du entscheiden kannst, mit wem du dich triffst oder nicht.«

»Bonny und ich haben einmal was zusammen gemacht, und bei dem einen Mal bleibt es auch«, sagte Steve. »Aber danke fürs Bescheidgeben. Willst du mir sonst noch was mitteilen?«

»Nein, das war alles.«

»Das war jetzt aber langweilig«, sagte Sandy.

Es gäbe mehr über Bonny zu sagen, das wussten beide, aber keiner von ihnen wollte darüber reden. Dann würde sie sich eben der Sache annehmen, beschloss Sandy.

»Sie müssen sich schon ein bisschen mehr Mühe geben«, sagte sie. »Das ist wirklich wichtig! Sie reden so emotionslos miteinander, diese Unterhaltung eben war doch völlig nichtssagend. Charlotte, Ihre Meinung zu Bonny und Steve geht doch bestimmt über ›sollen sie doch‹ hinaus. Zumindest klang das so, als Sie mir davon erzählt haben.«

»Ihnen habe ich auch nur gesagt, dass es mich nichts angeht, mit wem Steve sich trifft«, erwiderte Charlotte.

»Das war aber nicht alles.« Sandy sah Charlotte eindringlich an. »Sie müssen schon ein wenig Risikobereitschaft mitbringen und über Ihre Gefühle reden. Wie war das für Sie, als Bonny Sie wegen Steve gefragt hat?«

»Ich weiß nicht. Wahrscheinlich ging mir durch den Kopf, dass es früher oder später ja so kommen musste, Bonny fand Steve schon immer toll, und mittlerweile ist sie geschieden.«

»Sie geben erneut nur Fakten wieder. Ich möchte aber wissen, was Sie empfunden haben.«

Charlotte schüttelte den Kopf. »Ja, gut, ich war sauer. Ich habe Steve dazu gebracht, sich zu ändern, plötzlich ist er der beste Vater der Welt, und *die* soll jetzt davon profitieren? Außerdem war ich traurig, weil sich diese Trennung immer mehr in Richtung Scheidung bewegt. Und damit ist der Traum dahin, den ich vor langer Zeit mal hatte. Steve hat ihn kaputtgemacht.«

»Mich macht es auch traurig«, sagte Steve.

Aber die Trennung geht doch gar nicht in Richtung Scheidung, dachte Sandy. Zumindest im Moment nicht. Charlotte dachte nur anscheinend, dass es keine andere Möglichkeit gab. So funktionierte sie nun mal. Immer diese Regeln. Aber wenigstens redeten die zwei miteinander. Sandy beschloss, sich später weiter um Bonny Garvey zu kümmern.

»Schon viel besser«, sagte sie. »Ich möchte noch etwas anderes versuchen. Ich hätte gern, dass Sie miteinander reden, und ich höre lediglich zu. Ich werde nicht eingreifen, nichts sagen, ich bin nur Zuhörerin.«

Steve und Charlotte sahen erst einander an, dann Sandy, dann wieder einander.

Charlotte räusperte sich. »Ich hatte in unserer Beziehung oft das Gefühl, wenn ich etwas sage, was du anders siehst, dass du immer sofort Gegenargumente parat hast.« Sie sah Steve offen ins Gesicht. »Als würdest du nur auf so eine Gelegenheit warten, wo du mich an die Wand argumentieren kannst.«

Steve sah Sandy an, die seinen Blick erwiderte, aber schwieg. Schließlich sah er wieder zu Charlotte.

»Und ich habe das Gefühl, dass du ständig böse auf mich bist«, sagte er. »Dass du mich ständig kritisieren musst, immer unzufrieden mit mir bist. Dir kann man nichts –«

»Moment«, unterbrach ihn Sandy. »Da sind wir ja nicht sehr weit gekommen. Steve, Charlotte sagt etwas, und Sie gehen überhaupt nicht darauf ein. Charlotte hat diese Unterhaltung angefangen. Sie hat sich getraut, zu sagen, was sie fühlt. Und Sie ignorieren das komplett und wechseln einfach das Thema, so dass es plötzlich darum geht, womit sie Sie verletzt hat.«

Steve sah sie verständnislos an. »Ich habe doch nur gesagt, wie ich mich fühle.«

»Nein, Sie meinten, dass Charlotte ständig böse auf Sie ist. Sie sind überhaupt nicht darauf eingegangen, was sie gesagt hat. Schauen Sie mal, das ist, als würde Charlotte sagen: ›Ich bin hingefallen und blute‹, und Sie reagieren darauf mit ›So schlimm war es doch gar nicht, ich würde viel lieber darüber reden, dass du immer nur am Meckern bist‹. Verstehen Sie?«

Steve wirkte fast ängstlich vor lauter Unverständnis. »Nicht so richtig«, sagte er. »Ich dachte, wir sollen darüber reden, was mit unserer Beziehung nicht stimmt.«

»Ich habe gesagt, Sie sollen miteinander reden, und ich höre zu«, berichtigte Sandy. »Und was ist stattdessen gerade passiert?«

»Charlotte meinte, wenn sie was sagt, hab ich immer sofort Gegenargumente.«

»Genau. Und was haben Sie dann gesagt?«

»Dass Charlotte immer böse auf mich ist.«

»Stimmt. Einer von Ihnen musste den Anfang machen, und diesmal war es nun mal Charlotte. Sie haben dann leider komplett ignoriert, was sie eigentlich gesagt hat, und stattdessen das Thema gewechselt.« Sandy schüttelte den Kopf, und sowohl Steve als auch Charlotte verstanden genau, was sie damit meinte: Wie kann ich Steve bloß dazu bringen, dass er begreift, worum es geht?

»Mir geht auch gerade auf«, fuhr Sandy fort, »dass es tatsächlich so war, wie Charlotte es beschrieben hat: Sie sagt etwas, und Sie sind sofort mit

Gegenargumenten zur Stelle. Als ob Sie nur darauf gewartet hätten. Ich möchte aber, dass Sie ihr zuhören.«

»Mach ich doch«, verteidigte sich Steve.

»Vielleicht habe ich mich falsch ausgedrückt. Ich möchte, dass Sie ihr zuhören und dann auch auf das eingehen, was sie gesagt hat. Nicht einfach das Thema wechseln.«

»Hab ich doch gar nicht!«

Er ist so ein intelligenter Mann, und seine Ausbildung war bestimmt nicht billig. Und trotzdem kapiert er nicht, dass er eben das Thema gewechselt hat?

»Wir haben darüber geredet, was in unserer Beziehung schiefläuft«, sagte Steve vorsichtig. »Was ich gesagt habe, hatte doch damit zu tun.«

Es war schon irgendwie lustig. Sandy warf einen Blick zu Charlotte. Ein winziges Lächeln umspielte deren Lippen.

»Nein«, widersprach Sandy. »Es ging um Charlotte. Das war das Thema. Und Sie haben von etwas anderem angefangen. Charlotte hat erzählt, was ihrer Meinung nach in Ihrer Beziehung schiefläuft. Sie hat die Karten auf den Tisch gelegt und war bereit zu einer ehrlichen Unterhaltung. Aber in dem Moment, als sie gesagt hat: ›Das hier ist eins unserer Probleme‹, als sie gesagt hat: ›Du bist eins davon‹, haben Sie sofort gekontert und meinten: ›Nein, *du* bist das Problem, über *dich* müssen wir reden.‹ Ich glaube, Sie haben Angst davor, mit Charlotte über Ihre Beziehung zu sprechen. Sie haben Angst vor dem, was sie vielleicht sagt. Und deshalb blocken Sie sofort ab.«

Steve nickte. »Kann ich es noch mal versuchen?«

»Klar.«

Steve sah Charlotte an. »Du sagst, ich gehe immer sofort zum Angriff über, sobald du mich kritisierst. Und das macht dich wütend.«

»Wütend würde ich vielleicht nicht sagen, aber auf jeden Fall lässt es mich oft verzweifeln«, erwiderte Charlotte.

»Warum?«

»Weil ich dadurch das Gefühl habe, ich kann nicht einfach so sein, wie ich bin. Ich muss immer eine Rolle spielen«, sagte Charlotte. »Verstehst du jetzt, wieso es so schlimm um unsere Beziehung steht? Ich hätte jemanden gebraucht, der mir zuhört, Steve. Meistens hättest du nicht mal was sagen müssen. Ich wäre sogar ziemlich dankbar, wenn du ab und zu gar nichts sagst. Meinst du, das kriegst du hin?«

13

Irgendwie kommen wir hier nicht voran«, sagte Sandy. »Fangen wir noch mal von vorne an. Sie möchten also mit mir darüber sprechen, ob Sie in den Therapiestunden Charlotte gegenüber zu hundert Prozent ehrlich sein müssen. Habe ich Sie da richtig verstanden?«

»Na ja, es gibt eben verschiedene Ebenen von Wahrheit«, antwortete Steve. »Ich könnte Charlotte alles sagen. Ich könnte auch ein paar Sachen auslassen, über die ich noch nicht reden möchte. Und ich könnte sie natürlich auch direkt anlügen.«

»Ich weiß gerade nicht so richtig, wie ich das verstehen soll, um ehrlich zu sein. Vielleicht sollten wir uns dem Thema aus einer anderen Perspektive nähern. Wäre es in Ordnung, wenn wir kurz mal keinen Dialog führen, sondern nur ich rede?«

»Klar, kein Problem.«

»Zunächst mal: Ich finde es sehr gut, dass Sie um diese Einzelsitzung gebeten haben. Das ist wirklich ein wichtiges Thema. Es wirft die Frage auf, was für ein Leben Sie führen möchten. Möchten Sie über alle Fakten Bescheid wissen und Ihre Entscheidungen danach treffen? Oder wollen Sie ein Leben führen, bei dem Sie immer auf Vermutungen angewiesen sind? Das ist wichtiger als die Frage, ob Sie noch mal mit Charlotte zusammenkommen oder nicht.

Ich möchte Ihnen eine Geschichte erzählen. Meine Eltern haben sich scheiden lassen, als ich zwölf war. Es gab viele Gründe für die Scheidung. Meine Mutter war gerade dabei, sich als bedeutende Projektentwicklerin auf dem Immobilienmarkt zu etablieren und hatte nicht viel Zeit für meinen Dad. Das war aber nicht der Hauptgrund. Viel schlimmer war, dass es bei meiner Mutter keine Probleme geben durfte, alles war immer schön, alles lief gut. Was natürlich nicht stimmte, es lief durchaus nicht alles gut, darüber durfte man bloß nicht reden. Damit kam mein Dad nicht klar. Natürlich hatte er Probleme, wer hat die nicht, und er wollte sie gern mit jemandem besprechen. Meine Eltern haben sich immer mehr auseinandergelebt, irgendwann hat mein Dad dann eine Frau kennengelernt, die ihm zugehört hat, und sie haben sich getrennt. Ich musste leider bei meiner Mutter bleiben, die mir natürlich sofort versucht hat einzureden, dass so ja eigentlich alles noch besser sei als vorher. Die Scheidung sei genau das Richtige gewesen und uns würde es doch jetzt viel bessergehen.

Nur ging es mir überhaupt nicht besser. Im Gegenteil, ich war absolut unglücklich. Aber das konnte ich meiner Mom nicht erzählen, das wollte sie ja nicht hören. Und wissen Sie, was ich da getan habe? Also, ich habe natürlich als Erstes kurz über Suizid nachgedacht, um meiner Mutter zu zeigen, wie es wirklich um mich stand. Aber das schien mir dann doch keine so gute Idee, da ist man am Ende ja tot. Stattdessen bin ich einfach mit dem Taxi zu meinem Dad gefahren. Ich wollte irgendwo sein, wo die Realität der Außenwelt und meine eigene Realität übereinstimmten.

Meine Mutter wollte, dass ich wieder nach Hause komme, und hat mir mit allem Möglichen gedroht. Sie meinte auch, mein Dad würde dahinterstecken und hätte das von langer Hand geplant. Er ist damals zum Glück für mich eingestanden und hat mich verteidigt. Ich habe dann meine gesamte Highschool-Zeit bei ihm verbracht.

Es ist unglaublich wichtig, auf dem Boden der Tatsachen zu bleiben, die Welt so zu sehen, wie sie wirklich ist. Deshalb denke ich, Sie sollten Charlotte gegenüber komplett ehrlich sein. Und wenn es etwas gibt, das Sie ihr nicht erzählen wollen, weil es Ihnen Angst macht, dann sagen Sie ihr das!«

»Aber wenn ich Charlotte zum Beispiel sage, dass ich mit Bonny geschlafen habe, reicht sie doch sofort die Scheidung ein.«

»Glaube ich nicht«, erwiderte Sandy. »Das hätte sie ja schon vor Monaten tun können. Ich habe ehrlich gesagt auch damit gerechnet. Hat sie aber nicht. Und warum nicht? Ich denke, weil Sie darauf wartet, dass Sie sich ändern. Also versuchen Sie das doch einfach mal.«

»Mach ich ja«, gab Steve gereizt zurück.

»Ich rede nicht davon, sich die Hälfte der Zeit um die Kinder zu kümmern. Das ist der leichte Teil.«

Steve wirkte genervt, als würde er sich missverstanden fühlen. »Sie haben ja prinzipiell recht, dass ich Charlotte immer die Wahrheit sagen sollte. Aber ich verstehe nicht, wieso ich ihr auch noch alles erzählen muss, was ich in der Vergangenheit falsch gemacht habe. Ich würde lieber bei null anfangen.«

»Das geht aber nun mal nicht. Charlotte wird doch nicht einfach vergessen, was bisher zwischen Ihnen war. Sie müssen sich der Realität stellen.«

»Meinen Sie, sie verzeiht mir?«, fragte Steve.

»Wie soll sie Ihnen denn etwas verzeihen, von dem sie nichts Genaues weiß? Also, nehmen wir die Bonny-Sache in Angriff.«

»Da ist noch was. Bonny hat mich und die Kinder eingeladen, sie in Napa zu besuchen. Ein Wochenende zum Entspannen für uns, und ihre und meine Kinder hätten einander zum Spielen.«

»Ach was. Warum hat Bonny das wohl getan?«

»Keine Ahnung. Vielleicht war sie einsam und wollte Gesellschaft?«

»Steve! Sie wollte Charlotte damit eindeutig eins auswischen. Sie möchte, dass Sie beide sich endgültig trennen.«

Steve sah sie verwirrt an.

»Denken Sie doch mal drüber nach: Bonny hat Charlotte doch nur gefragt, ob sie etwas dagegen hätte, wenn sie mit Ihnen ausgeht, damit die das auch ja erfährt. Und als Nächstes wird sie ihr aufs Brot schmieren, dass sie Sex mit Ihnen hatte.«

»Das würde sie nicht machen.«

»Klar würde sie das. Wer soll sie denn davon abhalten? Sie können lediglich entscheiden, von wem Charlotte es erfährt.«

Steve schwieg.

»Sie weiß natürlich schon, dass Sie mit Bonny geschlafen haben. Sie wird es aber nicht ansprechen, solange sie nicht dazu gezwungen wird. Charlotte ist sehr gut darin, unangenehme Wahrheiten zu ignorieren. Das ist eins ihrer größten Probleme, aber sie arbeitet ja daran.«

»Ich hätte nie mit Bonny ins Bett gehen sollen«,

sagte Steve. »Das war mir schon in dem Moment klar.«

»Hätte, würde, könnte. Sie beide immer mit Ihren Moralprinzipien! Sie waren sehr einsam, Ihre Frau hatte Sie gerade rausgeschmissen und war in einen anderen Mann verliebt – natürlich haben Sie sich da Trost geholt. Ist doch ganz normal.«

»Meinen Sie, Charlotte sieht das genauso? Dass ich nun mal einsam war?«

»Was denken Sie denn, wie sie das sieht?«

»Sie wird sagen, dass ich sie belogen und betrogen habe, indem ich mit einer ihrer besten Freundinnen im Bett war.«

»Meine Güte, sind Sie melodramatisch! Ja, klar, wenn man es genau betrachtet, haben Sie sie natürlich belogen und betrogen, aber jeder macht doch mal einen Fehler. Ich meine, wie wird Charlotte die Sache sehen, wenn der erste Ärger verflogen ist? Klar ist sie erst mal wütend. Aber wenn sie ein bisschen Zeit hatte, ihren Frieden damit zu machen –«

»Dann bin ich alt und grau«, unterbrach sie Steve. »Bis Charlotte nicht mehr sauer ist, das kann dauern.«

»Ach, na ja. Sie ist doch schon viel besser geworden, was das angeht. Ich hoffe, das ist nicht nur mir aufgefallen. Jetzt denken Sie noch mal genau nach: Wie wird Charlotte wirklich reagieren?«

»Keine Ahnung.«

»Okay, fangen wir noch mal ganz von vorne an. Wenn Ihr Sohn Chris seine kleine Schwester schlägt, wie geht es Charlotte dann?«

»Sie ist wahrscheinlich enttäuscht«, antwortete Steve. »Sie versucht ihm ja immer beizubringen, dass er Konflikte mit Worten austrägt.«

»Und wenn Sie das jetzt auf Ihre Situation übertragen?«

»Charlotte wird enttäuscht von mir sein?«

»Natürlich. Eins von Charlottes Lebenszielen ist doch, einen besseren Menschen aus Ihnen zu machen. Sie versucht das immer wieder, aber es klappt einfach nicht. Und warum wohl?«

»Weil ich eine Lernschwäche habe?«

Sandy ging nicht auf den Witz ein. »Weil Sie Charlottes Bemühungen als Kritik empfinden! Sie versucht, einen besseren Menschen aus Ihnen zu machen, aber alles, was dabei herauskommt, ist ein beleidigter Steve, der sie betrügt, weil er verletzt ist und sich nicht geliebt fühlt.«

»Darüber muss ich erst mal in Ruhe nachdenken«, sagte Steve.

»Charlotte ist nun mal durch und durch Dozentin.« Sandy lächelte. »Wenn Sie verstehen würden, dass sie Ihnen nicht weh tun, sondern helfen will, würde es Ihnen viel bessergehen.«

»Sie wird also enttäuscht von mir sein, weil ich mit Bonny geschlafen habe?«

»Darauf können Sie sich verlassen, ja. Wenn Sie schon mit einer anderen Frau ins Bett gehen, dann wenigstens mit einer, die Charlotte respektiert.«

»Lustig, dass Sie das sagen.«

»Wieso?«

»Weil ich den gleichen Gedanken hatte. Hinterher ging mir so durch den Kopf: ›Was für ein Schwachsinn, du respektierst diese Frau nicht mal.‹«

»Na bitte. Also beichten Sie es Charlotte.«

»Und Sie denken wirklich, dass das nicht alles kaputtmacht?«

»Wahrscheinlich nicht. Aber genau weiß ich es natürlich nicht. Es ist aber mit Sicherheit besser, als wenn Sie warten, bis Bonny es ihr erzählt. Haben Sie eigentlich immer noch was mit ihr?«

»Nein«, sagte Steve. »Es war nur dieses eine Mal.«

»Irgendwann sollten wir auch noch über Gabriella reden.«

»Wieso das denn?«

»Denken Sie einfach mal drüber nach«, sagte Sandy. »Und dann reden wir.«

»Sie machen mir Angst.«

Sandy beugte sich ein Stück vor und sah Steve in die Augen.

»Ich weiß«, sagte sie.

14

Steve sah besser aus. Seine Haut war nicht mehr so fahl, und er wirkte insgesamt entspannter.

»Ich möchte gern mit dir über etwas reden«, begann Charlotte. Es klang irgendwie formell, der Hinweis für Steve, genau zuzuhören. »Wir haben schon mal über das Thema gesprochen, aber da habe ich dir nicht alles gesagt, was ich darüber denke.«

»Okay«, sagte Steve.

»Bonny hat mich doch mal gefragt, ob es in Ordnung für mich wäre, wenn ihr zwei euch trefft.«

Sie hatte Steves volle Aufmerksamkeit, das war offensichtlich. Sandy freute sich. Endlich waren die zwei emotional auf einer Ebene, es störte sie dieselbe Sache. Und sie versuchten sogar … oder? Ja, sie versuchten sogar, gemeinsam einen Schritt weiterzugehen.

»Ich sagte zu ihr, dass es mich nichts angeht und es mir auch egal ist, mit wem du dich triffst«, fuhr Charlotte fort.

Steve nickte.

»Aber wenn ich ehrlich drüber nachdenke, ist es mir gar nicht egal.«

Damit hatte Charlotte auch Sandys ungeteilte Aufmerksamkeit. Es war ungewöhnlich für sie, sich allein ins tiefe Wasser vorzuwagen. Normalerweise brauchte sie immer einen kleinen Schubser.

»Erstens möchte ich nicht, dass die Kinder bei jemandem sind, dem ich nicht vertraue. Und zweitens bedeutest du mir immer noch etwas. Es fällt mir zwar nicht leicht, dir das zu sagen, weil ich Sorge habe, dass du mehr daraus machst, als ich meine, aber es ist so.«

»Du bedeutest mir auch immer noch etwas«, erwiderte Steve.

Dieses Reden über die gegenseitigen Gefühle reichte, um Steve in die Gefahrenzone zu befördern, genau dahin, wo Sandy ihn haben wollte: Sein Gesicht hellte sich auf, er hatte Hoffnung.

»Bonny hat mich und die Kinder nach Napa eingeladen«, sagte er. »Ich meinte, dass wir vielleicht für einen Tag kommen, aber dass ich auf keinen Fall das ganze Wochenende bleiben werde.«

Charlotte schwieg einen Moment. Hinter ihrer Stirn arbeitete es.

»Wieso nicht das gesamte Wochenende?«, fragte sie schließlich.

»Weil ich überlegt hab, wie es mir gehen würde, wenn *du* das mit einem Mann machen würdest, der geschieden ist und Kinder hat. Der Gedanke würde mich in den Wahnsinn treiben. Nicht, weil ihr Sex haben würdet. Nicht mal, weil ihr Sex haben würdet, während die Kinder nebenan schlafen. Sondern weil ich das Gefühl hätte, dass du mich mit ihm ersetzen willst.«

»Wenn du jemals mit einer Frau Sex hast, während die Kinder nebenan sind, bringe ich dich um.« Charlottes Taucheranzug schloss sich fest um sie, Sauerstoff wurde von einer Maschine an der Oberfläche zu ihr gepumpt. Sie tauchte beherzt auf den Grund hinab.

»Das wird nicht passieren«, sagte Steve.

»Dann eben irgendetwas anderes«, fauchte Charlotte. »Irgendwas passiert auf jeden Fall früher oder später, da müssen wir uns ja wohl nichts vormachen. Kriegst du eigentlich gar nichts mehr mit?«

Eine Frage, die sie sich gegenseitig stellen konnten, dachte Sandy. Es war ja aber auch verständlich in ihrer Situation.

»Lassen Sie uns kurz schauen, was hier eben schiefgelaufen ist«, sagte sie. »Sie beide hatten ein richtig gutes Gespräch, und plötzlich ist die Stimmung komplett umgeschlagen. Warum? Was fühlen Sie gerade, Charlotte?«

»Weiß ich nicht.«

»Klar wissen Sie's.«

»Das ist so eine Klischeefrage, Sandy, dieses ›Was fühlen Sie gerade?‹. Ich finde das erbärmlich. Und Sie fragen mich das immer wieder. Ich fühle nichts!«

Ist ihr eigentlich bewusst, was sie da sagt?, ging es Sandy durch den Kopf. Nein, wahrscheinlich nicht.

»Stimmt, ich frage Sie das immer wieder«, gab sie zurück. »Weil Sie Ihre Gefühle so gut verstecken. Sie zeigen sie wirklich nie.«

Die beiden Frauen sahen einander an. Es war ihr eben von klein auf beigebracht worden, keine Gefühle zu zeigen, dachte Charlotte. Sie wusste das, aber es war nun mal nicht zu ändern! Sie bedachte Sandy mit einem wütenden Blick.

Sie versteht nicht, dass es gut und wichtig wäre, Steve das zu erklären, dachte Sandy. Es stimmt, du kannst nicht mehr ändern, dass du als Kind jahrelang grausam konditioniert wurdest, Charlotte. Aber Steve wurde nicht so behandelt. Deshalb müssen wir ihm erklären, was in dir vorgeht.

»Also gut«, sagte Charlotte. Sie sah Steve an. »Ich kann nicht verstehen, wie du auch nur darüber nachdenken kannst, Bonny in Napa zu besuchen. Schon gar nicht für ein ganzes Wochenende.«

»Sie ist eine unserer ältesten Freundinnen«, erwiderte Steve.

»Du bist so ein Arsch! Aber bitte, geh doch ins Bett, mit wem du willst.«

Deutlicher konnte Charlotte ihr eigentliches Problem wohl nicht ausdrücken. Es war nicht *sehr* deutlich, aber immerhin ein Fortschritt. Komm schon, Steve, dachte Sandy. Versteh doch, was sie meint.

»Wann haben Sie denn mit Bonny darüber gesprochen?«, fragte Sandy ihn. Er weiß echt nicht, worauf ich mit der Frage hinauswill …

»Wann sie mich gefragt hat, ob ich sie in Napa besuche?«

»Genau.«

»Weiß ich nicht mehr genau, diese Woche irgendwann. Dienstag, glaube ich.«

»Ich hatte Bonny gefragt, ob wir am Dienstag zusammen mit den Kindern ins Discovery Museum gehen«, sagte Charlotte. »Sie sagte aber, die Kinder wären da bei ihrem Ex-Mann. Ich habe sie gefragt, ob sie stattdessen abends zum Essen kommen will. Ich dachte, sie ist vielleicht einsam.«

»Bonny war Dienstagabend zum Essen bei mir«, sagte Steve. »Da hat sie auch vorgeschlagen, mit den Kindern nach Napa zu fahren.«

Alle begriffen, was im Raum stand, nur Steve

nicht. Schließlich dämmerte es jedoch auch ihm. Sandy sah ihm deutlich an, wie ihm aufging, dass er eine Entscheidung treffen musste, und wie er seinen Mut zusammennahm und tapfer in die Dunkelheit hinaustrat. Trau dich, mach's einfach, dachte sie.

»Ich habe Dienstagabend mit Bonny geschlafen«, sagte Steve. »Ich war einsam und hab mir selbst leidgetan.«

Charlotte schüttelte den Kopf. Alle hielten den Atem an. Es war etwas passiert. Und das war nicht, dass Steve mit Bonny geschlafen hatte. Darum ging es nicht, nein. Sondern … verstehst du, worum es geht, Charlotte?

Die Zeit schien einen Moment stillzustehen. Charlotte sah sich im Zimmer um, als würde sie nach etwas suchen. Ihr Blick fiel auf den grünen Sessel. Plötzlich malte sich Verständnis auf ihrem Gesicht. Sandy hatte die ganze Zeit gehofft, Steve würde Charlotte verstehen, würde begreifen, wie schwer es ihr fiel, Gefühle zu zeigen. Aber am Ende machte nicht Steve, sondern Charlotte einen Riesenschritt auf ihr Gegenüber zu.

»So was passiert«, sagte sie. »Glaub mir, ich kenn das.«

»Es tut mir leid«, sagte Steve.

»Es muss dir nicht leidtun«, gab Charlotte zurück. »Sandy hält doch eh nichts davon. Das Ganze sollte dich eher traurig machen. Bonny ist unglücklich und verzweifelt, Steve. Pass bloß auf. Ihr habt einmal Sex, und schon will sie eine Patchworkfamilie aus euch machen!«

Charlotte hatte tatsächlich die Unterhaltung ins Rollen gebracht. Klar war es schmerzhaft für beide, aber sie ließen sich darauf ein, kämpften sich vor.

»Hinterher ging's mir nicht gut«, sagte Steve.

Charlotte schwieg.

»Warum nicht?«, hakte Sandy nach.

»Da war überhaupt keine emotionale Verbindung mit Bonny.«

»Klar war da eine«, widersprach Sandy.

Schweigen.

»Sie haben recht, es gab schon was. Ich hatte Angst vor ihr. Sie meinte, wir beide hätten schon seit der Uni Gefühle füreinander. Sie wollte mich zu einer Beziehung mit ihr überreden. Ich wollte das nicht, aber gleichzeitig wollte ich ihr auch nicht weh tun.«

Ach Steve, dachte Sandy.

»Du wolltest *ihr* nicht weh tun?!« Charlotte war außer sich. »Sie wollte dich dazu bringen, dass du ihr übers Wochenende meine Kinder anvertraust! Und sie wusste, dass ich davon erfahren würde. Sie hat damit gerechnet, dass ich dann ausraste. Sie zählt darauf. Sie will uns auseinanderbringen. Sie will, dass wir uns endgültig trennen. Verstehst du das nicht? Sie hat dieses Wochenende mit den Kindern nur vorgeschlagen, damit ich mich von dir scheiden lasse. Und da machst du dir Sorgen, dass du ihr weh tust?«

Sie verstand alles ganz genau. Wieso sagst du nicht immer, was du denkst?, dachte Sandy. Das würde uns hier wirklich weiterbringen.

»Ja, ich wollte sie nicht verletzen. Aber ich musste daran denken, dass das winzig kleine bisschen Vertrauen, das wir wieder haben, nur durch die Kinder entstanden ist. Unsere Kinder sind wie so eine kleine Insel der Ruhe, die wir selbst geschaffen haben. Und Bonny stellt eine Bedrohung dafür dar. Ich habe Angst bekommen und bin wütend geworden und habe Bonny nach Hause geschickt. Sie hat nicht bei mir geschlafen. Und wir hatten auch nur einmal Sex.«

Ach Steve, dachte Sandy. Klar sollst du ihr alles erzählen, aber doch nicht jetzt, und wohl besser auch nicht so bald …

Charlotte sah Sandy an. »Muss ich mir diesen Schwachsinn wirklich antun? Muss ich mir hier erzählen lassen, wie oft die zwei miteinander im Bett waren? Wieso versuche ich überhaupt, mit diesem Idioten zu reden?«

Steve … Steve. Ganz ruhig.

»Im Moment ist eben jedes Detail wichtig«, beschwichtigte Sandy. »Steve wollte Ihnen unbedingt erzählen, wie oft er mit Bonny geschlafen hat. Ich weiß nicht, warum, und ja, es wirkt erst mal dumm und gemein. Aber Steve war es nun mal wichtig, für ihn gab es einen Grund. Keine Ahnung, warum, aber er führt da anscheinend eine Strichliste. Vielleicht erfahren wir irgendwann den Grund dahinter.«

Charlotte wirkte plötzlich hellwach. Sie musterte Sandy. Das ist die Dozentin in ihr, ging Sandy auf. Die Dozentin, der klarwird, dass ein Held in einem Roman viel komplexer ist als angenommen. Ja, Charlotte, Steve ist es wichtig, wie oft genau er Sex hatte. Nein …

Da verstand Sandy plötzlich, dass sie sich geirrt hatte. Nicht Steve war es wichtig.

Charlotte führte darüber Buch.

15

In der nächsten Sitzung waren Steve und Charlotte wieder wie Hund und Katze, als wäre es nie anders gewesen. Sandy überraschte das nicht.

»Es ist einfach nicht zum Aushalten mit dir, Steve«, schimpfte Charlotte. »Was Gefühle angeht, bist du ein Fass ohne Boden, ein Schwarzes Loch. Du verlangst ununterbrochen Aufmerksamkeit. Das hält auf die Dauer niemand aus, und das wird Gabriella schon auch noch merken.«

Gabriella? Wann war die denn auf Charlottes Radar aufgetaucht?

»Du warst doch nie wirklich da für mich«, gab Steve zurück. »Wenn ich mal Zuwendung wollte, fandest du das doch immer bloß egoistisch von mir.«

Steve verstand einfach nicht, worum es ging. Wie auch?

»Ja, weil du denkst, eine Beziehung zu haben bedeutet, dass ich sofort springe, wenn du gern Sex hättest«, sagte Charlotte. »Aber meistens warst du ja eh in deiner eigenen Welt. Und wenn *ich* dich dann mal brauchte, hattest du keine Zeit für mich. Du warst unglaublich egoistisch.«

»Du hast nie gesagt, dass du mich brauchst.«

»Doch, du hast bloß nicht zugehört!«

Steve dachte nach. Er versuchte sich offensichtlich daran zu erinnern, wie diese Situationen in der Vergangenheit gewesen waren. Es geht aber nicht um die Vergangenheit, Steve, dachte Sandy. Sie überlegte kurz, in das Gespräch der beiden einzugreifen, tat es dann jedoch nicht.

»Es ging mir nicht gut«, sagte Steve. »Und das weißt du. Es war alles ganz schön schwierig damals, ich hab Tag und Nacht gearbeitet. Ich hatte das Gefühl, ich sitze auf einem fahrenden Zug, den man nicht anhalten kann. Und ich wollte, dass du mir hilfst, da abzuspringen.«

»Klar, ›that train keeps a-rollin‹, ich verstehe schon. Hältst du dich jetzt für Johnny Cash oder was? Selbstverliebter und dramatischer geht's wirklich nicht mehr.«

Sie fielen wieder in alte Muster zurück. Sandy wusste auch, warum. Trotzdem ließ sie die beiden machen, in der Hoffnung, dass sie es allein wieder herausschaffen würden.

»Es geht immer nur um dich«, sagte Charlotte. »Jetzt gerade doch auch schon wieder. Du hast das

Gespräch an dich gerissen, damit du nur ja im Mittelpunkt stehst. Du bist wie ein kleines Kind. Steve hat es ja so schwer! Der arme kleine Steve!«

Im Moment schafften es die beiden offensichtlich doch nicht ohne Hilfe.

»Sie drehen sich in diesem Gespräch immer nur im Kreis«, sagte Sandy. »Das wird auf die Dauer wirklich langweilig.«

Damit hatte sie die beiden wieder im Hier und Jetzt, auch wenn es nicht gerade die feine englische Art von ihr gewesen war.

»So was sollte eine Paartherapeutin ja wohl kaum sagen«, sagte Charlotte denn auch aufgebracht. Sie saß sehr gerade da.

»Was darf eine Paartherapeutin Ihrer Meinung nach denn sagen?«, fragte Sandy zurück.

»Dieser Sarkasmus jetzt ist auch nicht gerade hilfreich.«

»Ich glaube, Sie haben eine falsche Vorstellung davon, was hilfreich ist und was nicht«, erwiderte Sandy. »Es ist nicht meine Aufgabe, dass Sie sich die ganze Zeit hier wohl fühlen.«

»Wollen Sie etwa, dass wir uns nicht wohl fühlen? Finden Sie das nicht ein wenig unprofessionell?«

»Sie haben sich doch schon unwohl gefühlt, bevor ich was gesagt habe. Das hatte nichts mit meinem Kommentar zu tun. Und ich finde es übrigens anmaßend von Ihnen, dass Sie mir vorschreiben wollen, wie ich meine Sitzungen zu halten habe. Ich stehe Ihnen beiden neutral gegenüber, aber Steve beleidigt mich im Moment wenigstens nicht vorsätzlich.«

»Sie sind überhaupt nicht neutral, Sie sind immer auf Steves Seite, und ich hab's satt!« Charlotte wurde laut. »Ich bin sein Gejammer und dieses Gieren nach Aufmerksamkeit so was von leid. Und dann bekommt er die Aufmerksamkeit auch noch! Wie macht er das bloß? Wie schafft er das, dass immer alle nach seiner Pfeife tanzen?«

»Sie haben ihn als Fass ohne Boden bezeichnet, was Gefühle angeht. Das ist ja schon eine krasse Aussage. Das klingt, als ob Sie keine Energie mehr für sich übriggehabt hätten, nachdem Sie sich um Steves Bedürfnisse gekümmert haben.«

»Genau so war es ja auch.«

»Und trotzdem haben Sie zwei Kinder mit ihm bekommen und Vollzeit gearbeitet, in einem Job, den Sie lieben und in dem Sie gut sind. Wie war das denn möglich, wenn Sie Ihre gesamte Energie auf Steve verwendet haben?«

Charlotte ging nicht darauf ein. »Er hat wahnsinnig viel von mir verlangt. Und hatte gleichzeitig eine Affäre! Wie kann man nur so ein Arschloch sein.«

Sandy lächelte. »Was macht Sie heute nur so wütend, Charlotte?«, fragte sie sanft. »Ist was passiert?«

»Nein, es ist nichts passiert. Ich habe nur alles so satt, wirklich alles, und am meisten dich, Steve.« Charlotte sah ihn kopfschüttelnd an. »Du klammerst dich so an mir fest, du lässt einfach nicht los. Was soll das? Was willst du von mir?«

Dich will er, und das weißt du auch, dachte Sandy. Warum wären wir denn sonst hier?

Steve setzte zu einer Antwort an, aber Sandy hob schnell die Hand, um ihn zu bremsen. Er würde doch bloß wieder irgendetwas Dummes sagen und damit alles kaputtmachen.

»Was meinen *Sie* denn, was Steve von Ihnen will?«, fragte sie Charlotte.

»Mich. Und meine Zeit.«

»Woran sehen Sie das?«

»Daran, dass er mich gestern zum Beispiel zweimal angerufen hat. Er schiebt die Kinder als Grund vor, aber dann fragt er doch, ob wir uns nicht sehen können, und will Sachen über mein Privatleben wissen, mit wem ich mich treffe und so weiter.«

»Das möchten Sie aber lieber für sich behalten, nehme ich an?«

»Natürlich. Steve hat kein Recht, so was zu erfahren.«

»Sie immer mit Ihren Rechten! Das bin *ich* wirklich leid«, seufzte Sandy.

»Wieso beteiligt Steve sich eigentlich nicht an diesem Gespräch? Wieso führe ich das nur mit Ihnen?«

»Meinten Sie nicht eben noch, dass es sonst immer viel zu sehr um ihn geht?«

»Stimmt ja auch, das ist nach wie vor eins der Hauptprobleme.«

»Na ja, jetzt geht es mal nur um Sie und mich. Ich hatte eben gesagt, dass ich das Thema leid bin, ob jemand ein Recht auf etwas hat oder nicht. Aber es interessiert mich schon, wieso Sie verhindern wollen, dass Steve irgendetwas über Ihr Privatleben erfährt. Damit müssen wir uns näher beschäftigen. Zunächst aber mal eine andere Frage: Gibt es eigentlich noch etwas anderes, das Sie in Bezug auf Steve gern besprechen würden, oder nur, dass er manchmal ein absoluter Idiot ist?«

»Sonst nichts, nein.«

»Vorhin haben Sie doch aber Gabriella angesprochen.«

»Habe ich nicht«, widersprach Charlotte.

»Doch, Sie meinten: ›Das wird Gabriella schon auch noch merken.‹ Denken Sie öfter über Steves Kochkurslehrerin nach?«

»Nein.«

»Na gut. Sie haben Steve also vorhin als Schwarzes Loch bezeichnet, das alles in sich aufsaugt –«

Und los geht's, dachte Sandy.

»Ich habe mir übrigens Gabriellas Website angesehen«, sagte Charlotte.

»Ach ja?«

Schweigen.

»Ja. Darf man das etwa nicht mehr?«, fragte Charlotte schließlich.

»Und?«

»Was wollen Sie denn hören?«, erwiderte Charlotte gereizt. »Die ist genauso wie alle anderen Websites von der Sorte.«

Von der Sorte?

»Das ist alles so gestellt. Da ist so ein kurzes Video, wie Gabriella durch ihren Garten spaziert, im Hintergrund Gitarrenmusik. Dann pflückt sie sich eine Tomate und beißt rein. Das hat schon fast was von einem Softporno, ehrlich. Wer beißt denn bitte schön einfach so in eine Tomate?«

Aus dem Augenwinkel sah Sandy, wie Steve in seinem Sessel in sich zusammensackte, als wollte er sich vor unsichtbaren Schlägen schützen.

»Dass sie zu ihren Kunden nach Hause fährt und private Kochstunden gibt, ist doch auch ein bisschen seltsam, oder?«, fachte sie das Feuer weiter an.

»Sie sind heute geradezu gemein«, sagte Charlotte bemüht ruhig. »Das hätte ich nicht erwartet.«

»Glauben Sie, dass Steve und Gabriella miteinander schlafen?«

»Ist mir doch egal.«

»Ich schlafe nicht mit Gabriella!«, warf Steve ein.

»Es ist Ihnen überhaupt nicht egal«, sagte Sandy. »Genau deshalb sind Sie doch hier, deshalb wollten Sie sich doch trennen: weil Steve mit einer anderen Frau Sex hatte.«

»Nein. Mir ist vollkommen egal, was Steve treibt.«

»Wieso sagen Sie das? Sind Sie immer noch auf diesem ›Ich habe kein Recht darauf‹-Trip? Meinen Sie, wenn Sie mit jemand anderem schlafen, hätten Sie kein Recht, etwas dagegen zu haben, wenn Steve das tut? Das stimmt nicht. Es ist ja nun mal so: Wenn Sie mit jemandem schlafen, tut Ihnen das nicht weh. Es löst kaum was in Ihnen aus, zumindest keine tiefgehenden Emotionen. Aber wenn Steve es tut, dann schon. Das macht sehr viel mit Ihnen.

Sie haben ihn als Fass ohne Boden bezeichnet. Das könnte man so verstehen, dass er sehr viel in Ihnen auslöst. So wirkt es zumindest auf mich. Steve löst immer wieder sehr starke Gefühle in Ihnen aus, die Sie auch jedes Mal sehr mitnehmen. Und das macht Ihnen verständlicherweise Angst.«

Charlotte hatte sich im Sessel zurückgelehnt, als wäre sie nicht mehr Teil der Unterhaltung. Sandy hatte plötzlich eine Vision: Darin saß Charlotte so weit zurückgelehnt, weil es auf dem Boden zu ihren Füßen vor Schlangen wimmelte.

»Ich verstehe gar nichts mehr«, sagte Charlotte.

»Ich weiß«, antwortete Sandy.

Charlotte blitzte sie an. »Nicht generell, sondern nur in Bezug auf dieses Gespräch!«

»Genau so habe ich es auch gemeint.«

»Haben Sie nicht!«

»Doch. Woher wollen Sie denn wissen, wie ich etwas meine oder nicht?«

»Ich weiß es einfach.«

»Das Thema hatten wir doch schon. Sie wollten mir schon mal vorschreiben, wie ich meine Arbeit zu machen habe. Wieso meinen Sie, Sie könnten allen sagen, was sie zu tun und zu lassen haben?« Sandy beugte sich ein Stück vor. »Jetzt denken Sie bestimmt wieder, dass ich auf Steves Seite bin und Sie in die Enge treiben will, aber das stimmt nicht. Um ehrlich zu sein, kann ich nicht nachvollziehen, wie er sich so lange so dämlich aufführen konnte. Aber dann hat er Sie betrogen, und Sie haben daraufhin sofort die komplette Ehe eingestampft. Gut, Sie sind nicht die Einzige, die so reagiert, es ist alles verständlich. Nur wollten Sie dann auf einmal mit ihm zur Eheberatung, und das ist eher ungewöhnlich. Was erhoffen Sie sich davon? Warum sind Sie hier?«

Charlotte sprang auf. »Wollen Sie mir etwa erklären, dass es in Ordnung ist, seine Frau zu betrügen?«, rief sie entrüstet. »Das ist ja wohl die Höhe!«

Sandy sah, wie Steve sich in seinem Sessel noch kleiner machte, je lauter Charlotte wurde.

»Setzen Sie sich doch bitte«, sagte sie.

Charlotte schien nicht bemerkt zu haben, dass sie überhaupt aufgestanden war. Sie sah sich überrascht um und setzte sich dann wieder.

»Wenn Sie mich fragen, ob es in Ordnung ist, eine Affäre zu haben, bitten Sie mich damit um ein Urteil«, fuhr Sandy fort. »Ich bewerte solche Sachen aber nicht gern. Manchmal ist es wahrscheinlich schon in Ordnung. Aber was weiß ich denn schon. Ich finde es hingegen ganz und gar nicht in Ordnung, nicht mit jemandem zu reden. Wieso sagen Sie Steve nicht einfach, was in Ihrem Leben vor sich geht? Falls Sie mit jemandem schlafen, sagen Sie ihm das doch. Meine Güte, Sie beide sind getrennt, und Sie versuchen gerade herauszufinden, wie es mit der wichtigsten Beziehung in Ihrem Leben weitergehen soll, ob Sie vielleicht wieder zusammenkommen. Das alles wird nachhaltige Folgen für Ihre Kinder haben. Und da können Sie einander nicht erzählen, was bei Ihnen jeweils los ist? Sie werden nie eine vernünftige Entscheidung treffen können, wenn Sie nicht offen miteinander reden.«

Charlotte schüttelte den Kopf, als könnte sie nicht glauben, was sie da hörte. Als hätte sie es gar nicht gehört. Als müsste sie ihre Ohren durch das Kopfschütteln erst frei machen, um überhaupt hören zu können. »Sie meinen, ich soll Steve erzählen, mit wem ich mich treffe?«

»Was meinen Sie denn?«

»Ich soll Steve Bescheid geben, wenn ich mit jemandem schlafe?«

»Charlotte«, sagte Sandy bedeutsam. »Ich meine genau das Gegenteil. Sie haben Angst davor zu hören, dass Steve mit einer anderen Frau schläft. Sie wollen nicht hören, was er zu dem Thema zu sagen hat, denn das könnte Ihnen weh tun. Aber Sie stellen es genau andersherum dar, so dass es um Sie geht. Sie versuchen so zu tun, als könnte Steve Ihnen nicht mehr weh tun. Aber das stimmt ja nicht, er kann es nach wie vor, und er tut es auch noch immer.«

»Das ist mir gerade alles zu verworren«, sagte Charlotte.

»Ist es eigentlich gar nicht. Nur eben sehr schmerzhaft. Und Sie haben Sorge, dass es noch schlimmer wird, wenn es auch noch mit Gabriella passiert.«

»Ich werde mich doch hier nicht erniedrigen und Steve fragen, ob er mit Gabriella schläft.«

»Müssen Sie auch gar nicht, er hat es Ihnen ja schon von sich aus erzählt. Er hat keinen Sex mit ihr.«

»Und das glauben Sie ihm? Im Ernst?«

16

Liz hat ein bisschen Schwierigkeiten, sich im Kindergarten einzugewöhnen«, sagte Charlotte. »Manchmal weint sie stundenlang, besonders nachmittags. Was problematisch ist, wenn es montags oder mittwochs passiert, weil ich da ja meine Vorlesung zur Einführung in die Englische Literatur halte. In der Vorlesung sitzen über hundert Studenten, ich kann da wirklich nur im äußersten Notfall absagen.«

Charlotte verstummte für einen Moment und musste sich sammeln. Alles, was mit ihren Kindern zu tun hatte, ging ihr sehr nahe, das wusste Sandy.

»Wenn Liz an einem Nachmittag abgeholt werden muss, an dem ich in der Uni bin, hat Steve angeboten, das zu übernehmen. Auch falls es eine Woche ist, in der ich eigentlich die Kinder habe.«

»Sie holen sie dann also sofort ab?«, fragte Sandy.

»Wir können sie ja nicht einfach stundenlang weinen lassen, bis sie von selbst aufhört.«

»Haben Sie das schon mal ausprobiert?«

»Bis jetzt noch nicht. Es war erst zweimal der Fall, und da hat Steve sie abgeholt. Der Kindergarten hat bei mir angerufen, mich aber nicht erreicht, weil ich ja in der Vorlesung war, und dann haben sie es eben bei Steve versucht.«

»Und wo ist jetzt das Problem?«

Charlotte schwieg. Sie sah Sandy kurz an und dann schnell wieder weg.

»Wenn Sie das nicht genau definieren können, ist es natürlich nicht schlimm«, sagte Sandy. »Wenn es Ihnen was ausmacht, ist das eben so.«

»Ja, es macht mir was aus«, nahm Charlotte den Faden auf. »Ich bekomme dann immer dieses Gefühl, wie wenn das Wetter umschlägt. Es macht mich irgendwie nervös.« Sie schüttelte den Kopf.

Sandy sah Steve an, der merkwürdig still war. »Was würden Sie sagen, woran es liegt?«, fragte sie ihn.

»Wieso fragen Sie denn jetzt bitte schön Steve, was ich wohl fühle?« Charlotte klang gereizt.

»Wieso nicht?«, konterte Sandy. »Es kann doch nicht schaden, wenn Steve ab und zu versucht, sich in Sie hineinzuversetzen. Wäre schon schön, wenn er das könnte, oder?«

Charlotte bedachte Sandy mit einem Blick, der deutlich fragte, ob sie das jetzt wirklich ernst meinte. Fehlte nur noch, dass sie die Augen verdrehte. Sandy schwieg, um ihr Gelegenheit zu geben, etwas zu sagen. Da Charlotte stumm blieb, wandte sie sich wieder an Steve.

»Warum macht es Charlotte wohl so viel aus, wenn Sie Liz abholen?«

»Sie fühlt sich wahrscheinlich hin und her gerissen«, erwiderte Steve. »Sie –«

»Moment«, unterbrach Sandy ihn. »Formulieren Sie das mal so, als wären Sie Charlotte. Also nicht ›sie‹, sondern ›ich‹.«

Steve sah zu Charlotte, als wollte er sie um Erlaubnis bitten, ihre Gefühle für sie zu übernehmen.

»Na gut«, sagte er schließlich. »Ich fühle mich hin- und hergerissen zwischen meinem Beruf und dem Wunsch, für meine Tochter dazusein.«

»Und wo ist das Problem, wenn Steve einspringt?«

»Ich vertraue ihm nicht. Und ich verstehe auch nicht ganz, warum er neuerdings so hilfsbereit ist.«

»Sie meinen, dahinter steckt nicht einfach nur Hilfsbereitschaft, sondern ein Plan?«

»Genau. Steve hat immer einen Plan«, sagte Steve. »Ich habe Angst, dass ich für seine Nettigkeit irgendwann teuer bezahlen muss. Andererseits ist diese Einführungsvorlesung an der Uni wirklich keine Kleinigkeit. Ich muss viel dafür vorbereiten, ich unterrichte Themen, mit denen ich mich nicht zu hundert Prozent auskenne. *Huckleberry Finn* zum Beispiel. Mark Twain? Na, schönen Dank auch. Ich bin Dickens-Expertin, mein Bereich ist das viktorianische England. Aber die Veranstaltung ist nun mal eine Einführung und umfasst fünfhundert Jahre Literatur. Alles ganz schön anstrengend.«

Er kennt Charlotte wirklich gut, dachte Sandy.

»Wenn es gut läuft, werde ich vielleicht Dekanin bei uns«, fuhr Steve fort. »Aber will ich das überhaupt? Will ich mir wirklich noch mehr Stress aufhalsen und noch weniger Zeit für die Kinder haben? Ich hänge gerade ziemlich in der Luft.«

»Ja, ja, ganz toll, Steve«, warf Charlotte ein. »Du kennst dich gut mit meiner Arbeit aus, Glückwunsch. Aber es geht viel mehr um das Private. *Das* treibt mich in den Wahnsinn. Es fühlt sich an, als ob die Kinder ein Seil sind, das du mir umgebunden hast und an dem du mich immer wieder zu dir ranziehst, jeden Tag ein Stückchen näher.«

Und du sträubst dich gegen jeden Zentimeter, dachte Sandy.

»Sie haben also das Gefühl, dass Steve Ihnen über die Kinder näherkommt«, sagte sie zu Charlotte. »Warum ist das Ihrer Meinung nach etwas Schlechtes?«

»Ich gehe doch nicht zu einer unglücklichen Ehe mit einem Mann zurück, der mich ständig betrügt, nur, weil er sich angeblich geändert hat und jetzt seine Kinder liebt«, sagte Charlotte. »Das kann er vergessen. Das ist es nicht wert. Und glauben Sie mir, die Entscheidung habe ich nicht leichtfertig getroffen.«

Also die Tatsache, dass du zweimal die Woche Hilfe mit den Kindern brauchst, höchstens achtmal im Moment, und auch nur, wenn im Kindergarten etwas schiefläuft – das ist für dich dasselbe, wie in eine unglückliche Ehe zurückzukehren?

»Wieso haben Sie denn überhaupt darüber nachgedacht, es noch einmal mit Steve zu versuchen?«, fragte Sandy.

»Wegen der Kinder«, antwortete Charlotte. »Ist doch logisch. Darüber würde ja wohl jeder in meiner Situation nachdenken.«

Nicht unbedingt, dachte Sandy. Manche denken eher darüber nach, ihren Partner umzubringen oder mit den Kindern ins Ausland abzuhauen.

»Und nur wegen der Kinder mit Steve zusammen zu sein wäre nicht richtig?«, fragte sie.

»Die Frage meinen Sie doch jetzt nicht ernst, oder? Wollen Sie mich provozieren? Gehört das zur modernen Paartherapie dazu, oder was?«

»Nein, ich meine das vollkommen ernst. Warum

wäre es so schlimm, wegen der Kinder zu Steve zurückzugehen?«

Sandy bemerkte, wie Steve Charlotte gespannt ansah.

»Die Frage ist mir zu blöd, um sie zu beantworten«, sagte Charlotte.

»Dann beantworten Sie mir etwas anderes.« Sandy beugte sich ein Stück näher zu Charlotte hinüber, als wären sie beste Freundinnen beim Kaffeeklatsch. »Telefonieren Sie und Steve eigentlich miteinander?«

»Natürlich telefonieren wir miteinander«, gab Charlotte zurück. Es klang, als würde sie mit jemandem reden, der etwas langsam im Kopf ist.

»Wie oft?«, fragte Sandy.

»Ein paar Mal die Woche.«

»Ich glaube, Sie telefonieren mehr als ein paarmal die Woche. Eher fast jeden Tag, oder?«

»Ich verstehe nicht, worauf Sie hinauswollen«, sagte Charlotte.

»Ich will darauf hinaus, dass Ihr Leben sehr mit Steves verbunden ist.«

»Ich rede nur mit ihm darüber, wie es den Kindern geht und ob wir nichts Wichtiges vergessen haben.«

»Ich will Ihnen nichts Böses, Charlotte. Ich will Sie auch nicht in die Enge treiben oder –«

»Genau so fühlt es sich aber an!«, unterbrach Charlotte sie. »Hat Steve Ihnen etwa erzählt, dass wir jeden Tag telefonieren?«

»Nein, zu dem Schluss bin ich selbst gekommen.« Sandy musste lächeln. Es war doch so eindeutig!

»Na und? Ja, bis vor kurzem waren unsere Leben noch sehr miteinander verwoben, stimmt. Aber ich arbeite doch daran, das zu ändern.«

Würde ich so nicht sagen, dachte Sandy. Du hast einen ordentlichen Sicherheitsabstand zu Steve eingerichtet, und jetzt versuchst du aus der sicheren Entfernung vorsichtig abzutasten, ob da noch etwas zwischen euch ist. Sie hätte Charlotte am liebsten geschüttelt und eine Antwort darauf verlangt, was sie im Moment für Steve empfand, genau jetzt, in diesem Moment.

»Meinen Sie, Steve hört Ihr Telefon ab? Liest Ihre E-Mails? Hat Wanzen in Ihrer Wohnung versteckt?«

»Natürlich nicht«, sagte Charlotte. »Glaube ich zumindest nicht«, fügte sie hinzu.

»Und woher weiß er dann so gut Bescheid, was Sie unterrichten? Dass Sie viel Zeit für die Vorbereitung brauchen? Dass Sie vielleicht Dekanin werden? Woher weiß er, dass Sie gerade *Huckleberry Finn* durchnehmen?« Sandy beugte sich noch ein Stück weiter zu Charlotte hinüber und fuhr leise fort: »Weil Sie es ihm erzählt haben. Während der Telefonate, die angeblich nie stattfinden. Und das ist okay.«

»Das ist doch völlig verrückt«, erwiderte Charlotte.

»Sie haben mich gerade schon wieder als verrückt bezeichnet. Das zweite Mal.«

»Ich meine das nicht böse. Sie bedrängen mich nur manchmal so, und das mag ich nicht.«

»Ich weiß.« Sandy lächelte. »Lassen Sie sich trotzdem mal kurz auf etwas ein.«

»Kommt drauf an, worauf.«

»Vor einem halben Jahr hatten Sie noch strenge Regeln für Steve. Wenn er Sie angerufen hat, sind Sie nicht drangegangen. Er musste Ihnen eine Textnachricht schreiben und fragen, wann er anrufen darf. Wissen Sie noch?«

»Ja.«

»Mittlerweile muss er das nicht mehr, stimmt's?«

»Nein.«

»Was hat sich geändert?«

»Es ist leichter für mich geworden, mit Steve zu reden. Ganz klar.«

»Rufen Sie ihn auch manchmal an?«

»Ja, tu ich, ich geb's zu.«

»Rufen Sie ihn auch manchmal einfach nur so an, weil Ihnen nach Reden ist?«

»Eher nicht. Eigentlich gibt es immer einen richtigen Grund.«

»Zum Beispiel, dass Ihnen nach Reden ist? Das wäre doch ein richtiger Grund, oder?«

Charlotte schüttelte den Kopf. Sandy bemerkte, dass sie mit einer Haarsträhne spielte.

»Haben Sie gestern Abend mit ihm telefoniert?«

»Ja.«

Charlotte sah kurz zu Steve, dann wieder zu Sandy.

»Wie kam es dazu?«

»Ich habe ihn angerufen.« Charlotte schüttelte wieder den Kopf. »Ich weiß schon, worauf Sie hinauswollen. Sie denken, nur weil ich mit Steve rede, kommen wir einander wieder näher, stimmt's?«

»Nicht ganz«, erwiderte Sandy. »Ich denke nur, dass Sie sich beide wieder sicherer im Umgang miteinander fühlen. Sie wissen jetzt beide, dass Sie auch ohne einander überleben können. Und jetzt sehen Sie sich näher an, was es noch zwischen Ihnen gibt. Es ist etwas Neues. Und ich bin neugierig, worüber Sie sich am Telefon unterhalten und wie Sie miteinander sprechen. Machen Sie es doch ruhig jetzt mal hier.«

»Wie, hier?«, fragte Steve.

»Tun Sie einfach so, als wäre es gestern Abend und Charlotte würde Sie gerade anrufen.«

»Wozu soll das denn gut sein?«, fragte Charlotte.

»Stellen Sie sich vor, wir würden Ihre Beziehung auf dem Boden ausbreiten und sie uns genau ansehen.«

»Als würde Penelope aus der *Odyssee* unsere Beziehung weben, und wir lösen die Fäden über Nacht wieder auf, und am nächsten Morgen geht's von vorne los«, sagte Charlotte.

»Der Trick ist, das Muster zu erkennen«, sagte Sandy. »Und jetzt rufen Sie bitte Steve an.«

Charlotte überlegte einen Moment. Dann sagte sie zu Steve: »Fang du an.«

»Hallo?«, sagte Steve, als würde er ans Telefon gehen.

»Stör ich?«

»Nein, die Kinder sind schon im Bett, ich habe Zeit.«

»Gabriella ist also nicht gerade zu Besuch?«

»Nein, ich bin allein. Wenn ich die Kinder habe, habe ich nie Besuch. Also wenn du vorbeikommen willst – gern.«

»Ich liege leider schon im Bett und habe es unglaublich gemütlich, also komme ich nicht vorbei. Und nicht nur deshalb.«

»Kann man nichts machen«, sagte Steve. »Und, wie geht's dir so? Was gibt's Neues?«

Charlotte hob die Hand. »Nein, an der Stelle

hast du was anderes gesagt, so was wie: ›Liegt etwa nicht gerade dieser Idiot von Kunstprofessor neben dir?‹«

»Ja, vielleicht habe ich gefragt, wie es mit dem Kunstprofessor so läuft«, räumte Steve ein.

»Und? Wie läuft es mit ihm?«, fragte Sandy.

Charlotte warf ihr einen Blick zu, konzentrierte sich aber wieder auf Steve.

»Weißt du, eigentlich habe ich nur angerufen, um zu fragen, wie es den Kindern geht. War mit Liz alles okay im Kindergarten?«

»Ja, es war schon viel besser heute«, antwortete Steve. »Ich bin die erste halbe Stunde noch mit dageblieben, und dann hat sie zu mir gesagt: ›So, jetzt darfst du nach Hause gehen, Daddy.‹ War aber ganz schön schwer, dann auch wirklich zu gehen. Ich hatte das Gefühl, sie wollte nur stark sein. Sie mag den Kindergarten überhaupt nicht.«

»Darum müssen wir uns kümmern.«

»In einem halben Jahr könnte sie an die Pacific Primary wechseln. Da ist es schöner, und dann ist sie auch mit Chris zusammen, das gefällt ihr bestimmt.«

»Ja, da fühlt sie sich garantiert wohler. Du, ich muss mal Schluss machen. Ist schon spät, und ich bin müde.«

»Charlotte, ich – ich – du fehlst mir«, sagte Steve.

Er hatte sich komplett auf das Telefonat eingelassen und war jetzt mittendrin, mit echten Gefühlen.

»Ich weiß«, sagte Charlotte.

»Du hast doch gerade Zeit. Komm doch her.«

»Das wäre keine gute Idee. Ich bin auch noch nicht bereit dafür.«

»Wann bist du denn bereit?«

»Wenn du mich hier in die Mangel nimmst, leg ich auf.« Charlotte sah Sandy an. Offensichtlich ging ihr das Ganze gerade zu nahe.

»Entschuldige«, sagte Steve.

»Sie haben sich bei ihr entschuldigt?«, fragte Sandy.

»Ja, hat er«, sagte Charlotte.

»Es tat mir auch wirklich leid«, fügte Steve hinzu.

Ihr beiden seid so einen großen Schritt weitergekommen, dachte Sandy. Was nicht zwangsläufig bedeutete, dass sie wieder zusammenkommen würden. Aber immerhin begannen sie an einer neuen Beziehung zu weben.

17

Ich bin ein wenig verwirrt, was euer Wochenende angeht«, sagte Charlotte. »Die Kinder meinten, ihr wart den ganzen Tag lang wandern, und dann habt ihr euch mit Gabriella getroffen?«

»Ganz so war es nicht«, erwiderte Steve. »Wir wollten eigentlich nur ein bisschen im Golden Gate Park spazieren gehen, aber dann sind wir bis zum Meer gelaufen und dann auch wieder zurück. Das waren fast zehn Kilometer, den Kindern kam das natürlich unendlich lang vor. Wir haben im Beach Chalet Mittag gegessen. Wir waren nie aus der Stadt raus, keine Sorge. Und was Gabriella angeht: Die war nicht mit von der Partie. Sie war bloß im Park joggen, das macht sie jeden Tag, und wir haben sie zufällig da getroffen und hallo gesagt. Ich hab sie den Kindern vorgestellt, sie kannten sie ja nicht.«

»Gabriella und die Kinder kannten sich noch nicht?«, fragte Charlotte.

»Nein.«

»Wieso beziehst du sie nicht mehr in dein Leben ein?«

»Warum sollte ich? Ich will nicht, dass die Kinder da was falsch verstehen.«

»Inwiefern falsch versteht?«

Steve fühlte sich offensichtlich unwohl. Er zuckte mit den Schultern. »Na ja, dass sie meine Freundin ist, zum Beispiel.«

»Ist sie nicht deine Freundin?«

»Wir treffen uns ab und zu, ja. Aber ich würde sie nicht als meine Freundin bezeichnen. Sie ist nur *eine* Freundin.«

»Ein bisschen mehr ist sie doch aber schon, oder?«

»Dich frage ich doch auch nicht darüber aus, mit wem du dich triffst!«

»Kannst du aber gern, wenn du was wissen willst. Ich telefoniere noch ab und zu mit Bill, aber wir haben uns schon lange nicht mehr gesehen, es ist ja eine etwas komplizierte Angelegenheit, wie du weißt. Und dann war ich noch ein paarmal mit dem Kunstprofessor essen. Willst du darüber mehr wissen? Ich habe übrigens mit ihm geschlafen.«

Sandy sah, wie sich die Gedanken in Steves Kopf überschlugen und fast an die Oberfläche drangen. Nach kurzem Überlegen schob er sie jedoch resolut ganz nach hinten in das Flammenloch zu den anderen negativen Gedanken, die sich dort krümmten und wanden und hinauswollten.

»Du willst anscheinend überhaupt nichts von Gabriella erzählen«, sagte Charlotte. »Wie oft seid ihr denn zum Beispiel schon übers Wochenende weggefahren?«

»Noch gar nicht, und ich versteh auch nicht, was das soll. Wieso müssen wir hier meine Beziehung mit Gabriella analysieren? Das ist doch völlig egal.«

»Ich kann mir nicht vorstellen, dass es Gabriella egal ist«, sagte Charlotte.

»Keine Ahnung.«

Sandy sah, wie Charlotte fleißig Kohle in den Kessel von Steves Dampflokomotive schaufelte und wie diese langsam an Fahrt aufnahm. Wenn sie einmal richtig in Fahrt war, würde es schwer sein, sie wieder anzuhalten.

»Meinst du nicht, sie verdient zu wissen, wo ihr steht? Wie du eure Beziehung siehst?«, fragte Charlotte.

»Dank Sandy stehe ich dem Konzept, etwas zu verdienen, mittlerweile ziemlich skeptisch gegenüber«, erwiderte Steve. »Aber natürlich erwartet Gabriella von mir, dass ich ehrlich zu ihr bin, und das bin ich ja auch, so gut ich kann.«

»Steve.« Es klang, wie wenn man ein Kind dazu

bringen will, sich wieder zu konzentrieren. »Steve«, sagte Charlotte noch einmal. »Du triffst dich doch im Moment nur mit Gabriella, oder? Und das weiß sie, nehme ich an. Daraus zieht sie doch garantiert Schlüsse.«

»Nein, sie ist nicht die einzige Frau im Moment.«

»Das ist jetzt nicht dein Ernst.« Charlotte war schlagartig wütend. »Du hast nebenbei noch was mit einer anderen laufen? Du bist wirklich unverbesserlich.«

»Ich meine dich«, sagte Steve. »Wir beide sehen uns einmal die Woche hier bei Sandy und dann telefonieren wir noch mindestens vier- oder fünfmal pro Woche. Ich finde es wichtig, dass Gabriella das weiß. Ihr muss klar sein, dass ich immer noch an dir hänge.«

Sandy dachte, dass Charlotte jetzt zurückrudern würde, dass die Weichen dadurch vielleicht umgestellt und den Zug in eine andere Richtung lenken würden, aber dem war nicht so. Der Zug nahm nur noch mehr an Fahrt auf.

»Clever«, sagte Charlotte. »Aber das ist trotzdem genau so, als ob du dich heimlich noch mit einer anderen triffst. Du machst Gabriella was vor, du tust so, als wäre das etwas Ernstes mit euch.«

Das waren eindeutig Ausflüchte, Charlotte versuchte wie immer über Umwege zu kommunizieren, aber Steve durchschaute es nicht. Wenn Charlotte je zu ihm zurückkommen würde, wenn sie jemals glücklich sein wollte, ob mit ihm oder allein, dann musste sie erkennen, was sie da gerade tat. Und Steve ebenfalls.

»Charlotte, als ich Gabby kennengelernt habe, hatte sie gerade eine dreijährige Beziehung beendet. Sie will noch gar nicht wieder was Ernsthaftes. Und ich hänge ja immer noch an dir, egal, ob es dir genauso geht oder nicht. Deshalb bin ich genau das, was Gabby gerade braucht. Genau deshalb will sie mich.«

»Glaubst du das wirklich? Ich habe den Eindruck, du siehst hier den Wald vor lauter Bäumen nicht.«

Steve schüttelte nur verständnislos den Kopf.

»Trifft sich Gabriella denn noch mit jemand anderem?«, fragte Charlotte.

»Ich glaube nicht.«

»Du wärst doch auch sauer, wenn sie das machen würde, oder?«

Steve schloss die Augen und schüttelte erneut den Kopf. Dann sah er Charlotte scharf an. »Ich versteh nicht, was du von mir willst, und ich finde das hier auch nicht in Ordnung. Ich hab dir alles gesagt, was du wissen wolltest, und trotzdem hackst du weiter auf mir rum.«

»Was finden Sie daran nicht in Ordnung?«, fragte Sandy. Es war das erste Mal in dieser Stunde, dass sie sich zu Wort meldete. Sie war die ganze Zeit neben dem fahrenden Zug hergerannt, und jetzt sprang sie auf. Sie würde ihn in eine andere Richtung lenken.

»Na, was soll ich denn noch machen? Ich bin ehrlich zu Gabriella. Und sie ist eine erwachsene Frau, sie weiß, was sie tut«, sagte Steve.

»Nein, Sie meinten doch eben, Sie finden nicht in Ordnung, dass Charlotte auf Ihnen herumhackt.«

»Ja.«

»Und warum nicht?«

»Weil es überhaupt keinen Sinn ergibt.«

»Da bin ich mir nicht so sicher.« Sandy sah zu Charlotte. Bringen wir die Sache mal zum Halten, dachte sie und legte den Rückwärtsgang ein. »Charlotte, alles hat doch damit angefangen, dass die Kinder Ihnen von einer mysteriösen Wanderung mit Steve erzählt haben, auf der sie alle möglichen phantastischen Wesen gesehen haben – inklusive einer wunderschönen dunkelhaarigen italienischen Prinzessin. Oder so was in der Art. Aber dann hat sich herausgestellt, dass die Wanderung hier in der Stadt stattfand und Gabriella nur zufällig an den dreien vorbeigejoggt ist.« Sandy verschränkte die Hände im Schoß. Schon faszinierend, dachte sie, wie Charlotte es schafft, über Umwege zu bekommen, was sie will, ohne dabei Gefühle zeigen zu müssen.

Charlotte schwieg.

»Und dann waren wir auf einmal mitten in einer Diskussion, in der Sie Steve vorgeworfen haben, Gabriellas Gefühle nicht zu respektieren«, fuhr Sandy fort. »So war das doch, oder?«

Charlotte schwieg weiterhin.

»Kommen Sie, Charlotte«, sagte Sandy. »Sprechen Sie einfach mal aus, was Sie wirklich denken. Das macht das Leben nur unnötig kompliziert, wenn keiner wirklich weiß, was im anderen vorgeht.«

»Ich verstehe gerade gar nichts mehr«, sagte Charlotte.

»Moment mal, das ist Steves Spruch«, erwiderte Sandy. »Sie verwirren ihn ja ständig. Aber Sie selbst sind doch nicht verwirrt.«

»Jetzt gerade bin ich es.«

»Machen Sie sich wirklich Gedanken darüber, wie es Gabriella geht?«

»Ja, das tu ich. Zumindest finde ich, dass Steve das tun sollte.«

Ach komm schon, dachte Sandy. »Möchten Sie, dass Steve sich in Gabriella verliebt?«

»Das ist seine Entscheidung.«

Also bitte, dachte Sandy. Der Zug war so weit zurückgefahren, dass sie nun die Weichen umstellen und ihn in eine neue Richtung fahren lassen konnte. »Das ist keine Antwort.«

»Na schön!«, fauchte Charlotte. »Nein, ich will nicht, dass die beiden sich ineinander verlieben! Steve soll gefälligst den Rest seines Lebens einsam und unglücklich zubringen!«

»Aber wir wissen beide, dass das nicht so sein wird«, sagte Sandy sanft.

»Wahrscheinlich nicht, nein. Leider nicht.«

Und dir wird das auch nicht passieren, dachte Sandy. Auch wenn du Angst davor hast. »Sind Sie denn schon bereit, Steve herzugeben?«

»Nicht so richtig.«

»Also nein. Die ganze Zeit ging es Ihnen eigentlich nur darum, herauszufinden, ob er immer noch verfügbar ist. Aber das konnten Sie nicht einfach so aussprechen. Sie müssen lernen zu sagen, was Sie denken. Steve wird es nicht so schnell schaffen, Sie zu verstehen, ohne dass Sie deutlich sagen, was Sie meinen. Vielleicht gelingt ihm das irgendwann mal, aber im Moment hängt es leider an Ihnen.«

Charlottes Augen füllten sich mit Tränen. Sandy wusste, wie schwer es für sie war. Sie war ein sehr stolzer Mensch.

»Ich komme jede Woche hierher«, sagte Charlotte. »Ich lasse keine Sitzung ausfallen. Das muss mir doch gewisse Rechte geben.«

O Gott, nicht schon wieder das Thema Rechte, dachte Sandy. Sie wusste aber, dass Charlotte damit eher die Erwartungen meinte, die durch die Sitzungen entstanden.

»Sie kommen also jede Woche voller Hoffnung her«, sagte sie. »Und was für Erwartungen haben Sie deshalb?«

Charlotte fixierte Steve. »Ich weiß genau, dass du das jetzt wieder falsch verstehen wirst, aber ich sag's trotzdem. Ich liebe dich nicht und will auch nicht mein Leben mit dir verbringen oder so was, das ist dir hoffentlich klar.« Die erste Träne lief ihr die Wange hinunter. »Aber ich habe das Gefühl, dass du nach wie vor eine Option für mich bist. Eine Option, die ich nutzen kann, falls mir danach ist. Und die erst dann nicht mehr da ist, wenn ich sie nicht mehr brauche.«

Steve meinte, er hinge an Charlotte. Für sie war er eine Option. Die beiden mussten noch eine ganze Menge darüber lernen, wie man über Liebe spricht, ging Sandy durch den Kopf. Aber sie versuchten es wenigstens. Sie reichte Charlotte die Box mit den Taschentüchern.

»Ich hätte gern eine Einzelstunde«, sagte Charlotte.

18

Diese Unterhaltung bleibt doch unter uns, oder?«, fragte Charlotte.

»Alles, was Sie mir erzählen, ist vertraulich«, antwortete Sandy. »Aber was ich für wichtig halte, werde ich an Steve weitergeben. Er muss nicht alles wissen, aber ich entscheide, was er wissen sollte.«

»Ich hätte wirklich gern, dass Steve nicht davon erfährt, worüber ich mit Ihnen reden möchte.«

»Dann sollten Sie es mir nicht erzählen. Oder –« Sandy lächelte. »Oder Sie vertrauen mir einfach.«

»Ich vertraue Ihnen aber nicht.«

Sandy musste wieder lächeln. Charlottes Ehrlichkeit gefiel ihr. »Und warum nicht?«

»Ich habe das Gefühl, dass Sie nicht auf meiner Seite sind.«

»Bin ich auch nicht.«

»Ich habe den Eindruck, dass ich irgendetwas übersehe«, sagte Charlotte plötzlich und sah sich im Zimmer um. Ihre Augen blieben an dem grünen Sessel hängen, der nicht zu den anderen passte und auf dem nie jemand saß. Sie betrachtete ihn einen Moment lang prüfend und sah dann wieder Sandy an.

Wer sitzt wohl in dem Sessel, Charlotte?, fragte Sandy sie in Gedanken. Na los, komm ruhig zu dem Schluss. »Das Gefühl, Sie würden etwas übersehen, kommt wahrscheinlich daher, dass Sie meine Meinung wahrnehmen, auch wenn ich sie nicht ausspreche. Und das interpretieren Sie als ›Sandy ist nicht auf meiner Seite‹. Man könnte vielleicht sagen, dass ich auf der Seite der Ehe bin. Ich versuche zumindest, deren Seite zu vertreten.«

Charlotte nickte. »Ah, deshalb fühlt es sich an, als wären Sie auf Steves Seite. Er will die Ehe ja auch revitalisieren.«

Es war nett, mit jemandem zu arbeiten, der Wörter wie ›revitalisieren‹ benutzte, dachte Sandy. Nur half Charlotte ihre Bildung in diesem Fall nicht weiter, sie verstand trotzdem nicht, worum es eigentlich ging.

»Nicht ganz«, berichtigte Sandy. »Ich versuche, die Ehe zu vertreten, weil es von Ihnen beiden keiner tut. Wir haben es hier ja nicht mit einer Beziehung zu tun, in der einer von beiden die gemeinsamen Ersparnisse verspielt oder immer betrunken oder high ist, anstatt zur Arbeit zu gehen. Im Gegenteil – vom Materiellen her ist Ihre Ehe sehr erfolgreich gewesen. Steve verdient ordentlich, Sie sind festangestellt, Sie haben zwei hübsche, intelligente Kinder. Sie haben gemeinsam etwas geschaffen, und es ist Ihnen sicher nicht in den Schoß gefallen. Sie haben eine Ehe aufgebaut. Und auf deren Seite bin ich, für sie spreche ich, weil von Ihnen niemand für dieses unsichtbare Gebilde einsteht, das Sie gemeinsam gebaut haben.«

»Das ist so typisch, Sandy, bei Ihnen ist alles immer nur Friede, Freude, Eierkuchen«, gab Charlotte zurück. »Aber so war es nun mal nicht. Steve hat mich belogen und betrogen. Und das nicht nur ein Mal. Und er hat nicht hinter mir gestanden, was meine Arbeit angeht. Wir waren zwei Bauherren, die sich lediglich für ein gemeinsames Projekt zusammengefunden hatten. Es hat nur leider eine Weile gedauert, bis ich das erkannt habe.«

»Was hätten Sie denn stattdessen gewollt? Die große Liebe?«

»So was in der Art, ja. Und dazu stehe ich auch. Ich hätte gern die wahre Liebe mit Steve gehabt.«

Sandy beugte sich vor und sagte eindringlich: »Passen Sie mal auf. Ich weiß schon, dass Ihnen etwas Bestimmtes auf dem Herzen liegt. Mein Bauch sagt mir, dass es etwas mit Gabriella zu tun hat. Und wir können auch gleich darauf eingehen. Aber lassen Sie uns noch kurz bei unserem kleinen Umweg bleiben, und danach kümmern wir uns um Gabriella, okay?«

Charlotte nickte.

»Ich finde es bewundernswert, dass Sie eine Ehe, in der Ihr Mann Sie mehrmals betrogen hat, nicht einfach hingenommen haben. So was ist keine glückliche Ehe. Man fühlt sich übergangen, ungeliebt. Das ist kaum auszuhalten. Ehebruch ist wirklich das Schlimmste, das tut so verdammt weh. Ich spreche da aus Erfahrung, aber davon erzähle ich Ihnen vielleicht ein anderes Mal.

Es ist also absolut nachvollziehbar, dass Sie Steve rausgeschmissen und sich von ihm getrennt haben. Sie wollten mehr vom Leben als diese Ehe, und das finde ich gut. Aber Sie sind auch nicht ohne Grund zu mir gekommen. Sie könnten genauso gut gerade bei einem Anwalt sitzen.«

»Stimmt. Weil ich absolut dämlich bin.«

»Finde ich nicht«, sagte Sandy.

»Doch, bin ich. Ich glaube nämlich tatsächlich, dass er sich ändern kann.«

Charlotte schüttelte den Kopf. Sandy reichte ihr die Box mit den Taschentüchern, und Charlotte tupfte sich die Augen.

»Das bringt einen um, nicht? Dass er mit einer anderen geschlafen hat?«, sagte Sandy.

»Absolut«, erwiderte Charlotte. »Ich kann ihm nie wieder vertrauen.«

»Dass er Sie betrogen hat und ob Sie ihm wieder vertrauen können, sind aber zwei verschiedene Dinge«, sagte Sandy.

»Da haben Sie eigentlich recht.«

»Lassen Sie uns kurz mal nicht daran denken, wie sehr es Ihnen weh getan hat. Konzentrieren wir uns auf das fehlende Vertrauen.«

»Es ist einfach komplett weg«, sagte Charlotte. Alles floss in dem Moment aus ihr heraus: wie verletzt sie war, wie leer sie sich fühlte.

Darüber will sie eigentlich mit mir reden, dachte Sandy. Nicht über Gabriella. Oder haben die beiden Dinge miteinander zu tun?

Charlotte sammelte sich. Sandy wusste, wie schwer es ihr fiel, offen über ihre Gefühle zu sprechen. Plötzlich jedoch war Charlotte ganz im Hier, überließ sich ganz und bewusst ihren Gefühlen.

»Neulich hatte ich einen verrückten Traum, in dem Gabriella bei Steve war, während er die Kinder hatte. Ich bin morgens um drei aufgewacht und war mir komplett sicher, dass sie gerade bei ihm ist. Ich hab im Bett gesessen, völlig nassgeschwitzt. Der Traum war unglaublich real.«

Wenn Steve sie doch jetzt hören könnte, dachte Sandy. Er würde verstehen, wieso Charlotte mit anderen Männern schlief – um die Nacht zu vertreiben.

»Ich habe versucht, wieder einzuschlafen, aber es ging nicht. Ich hätte so viel Arbeit zu tun gehabt, aber ich konnte die ganze Zeit nur an Steve und Gabriella im Bett miteinander denken und die Kinder ein Zimmer weiter. Was, wenn sie aufwachen? Wenn sie zu Steve ins Schlafzimmer kommen?«

Charlotte verstummte und sah aus dem Fenster. Sie brauchte einen Moment, um weitersprechen zu können. Sandy betrachtete sie schweigend und dachte, wie weit voraus Charlotte der Realität war. Steve schlief ganz bestimmt nicht mit Gabriella, zumindest noch nicht. Aber Charlotte verarbeitete das Ganze schon, als wäre es bereits passiert.

»Ich bin dann morgens um fünf zu Steves Wohnung gefahren«, fuhr Charlotte fort. »Ich habe dort drei Stunden im Auto gesessen und gewartet, bis er die Kinder in den Kindergarten gebracht hat.«

»Er war allein, nehme ich an.«

»Ja, nur er und die Kinder. Und ich habe noch eine Weile vor dem Haus gewartet, ob noch jemand herauskommt, aber es kam niemand. Ich bin völlig verrückt, oder? Ich bin so am Ende, sage ich Ihnen. Was ist denn bloß los mit mir?«

Gute Frage, dachte Sandy. Du hast morgens um fünf vor Steves Haus herumgesessen. War das wirklich nur wegen Gabriella und den Kindern? Bestimmt nicht. Du wolltest zu Steve. Du bist wie eine Schlafwandlerin auf ihn zugelaufen, ohne es bewusst zu wollen. Du hast vor seiner Tür gestanden, und da hast du angehalten. Weiter ging es nicht. Sandy musste an die letzte Szene in *Der Schwarze Falke* denken, wo John Wayne vor der Tür der Jorgensens steht. Die Familie ist endlich wieder vereint und glücklich. Wayne steht auf der Veranda, und die Tür schließt sich vor ihm, schließt ihn aus. Charlotte hatte Angst, dass auch ihr die Tür vor der Nase zugeschlagen werden würde.

»Das ist ja auch alles sehr schwer«, sagte Sandy schließlich.

Charlotte kamen erneut die Tränen. »Ich will auf keinen Fall eine Patchworkfamilie!«, brach es plötzlich aus ihr heraus. »Ich hasse dieses Wort! Wir sind doch nicht so eine blöde Decke.«

Das war ehrlich, kam von Herzen. Charlotte leistete gerade gute Arbeit. Und was kannst du tun, um keine Patchworkfamilie zu haben?, dachte Sandy. Manchmal kann man sich das nicht aussuchen, aber in deinem Fall kannst du es noch verhindern.

Charlotte gab ihr die Taschentuchbox zurück. »Ich will einfach mehr vom Leben, wissen Sie? Ich habe das Gefühl, ich drehe mich die ganze Zeit nur im Kreis. Ich werde noch wahnsinnig.«

»Sie sehen sehr müde aus.«

»Ich sehe total scheiße aus.«

Nein, Charlotte war immer noch schön, nur anders. Als wäre ihre Schönheit mit einer Patina aus Leid überzogen. »Sie sehen nur müde aus«, beharrte Sandy. Ihr fiel auf, dass sie bereits einmal eine sehr ähnliche Unterhaltung mit Charlotte gehabt hatte. Sie focht innerlich gerade wieder einmal denselben Kampf mit sich aus.

»Ich schlafe kaum, ich vergesse ständig etwas, ich bereite mich nicht mehr richtig auf die Seminare vor … ich bin so unglücklich.«

»Das tut mir leid.«

»Ich muss Ihnen was sagen. Erinnern Sie sich noch an diesen Kunstprofessor von vor ein paar Monaten? Der lässt mich einfach nicht in Ruhe. Was stimmt denn bloß mit dem nicht?«

»Sagen Sie ihm doch einfach, dass Sie ihn nicht mehr sehen wollen und er Sie in Ruhe lassen soll.«

»Aber wie soll ich das denn machen?«

»Sie klingen, als säßen Sie in der Falle. Aber Sie haben sich die Falle selbst gebaut. Warum? Weil Sie zu höflich sind? Weil Sie niemandem weh tun möchten? Damit müssen Sie aufhören, Charlotte. Hören Sie auf, es immer allen recht machen zu wollen. Wenn Sie eine funktionierende Ehe führen wollen, müssen Sie aufhören, es anderen recht machen zu wollen. Sagen Sie dem Kunstprofessor, er soll sich verziehen. Und zwar sofort. Hopp, hopp.«

»Ich weiß nicht …«, sagte Charlotte leise.

Sandy sah ihr an, wie es hinter ihrer Stirn arbeitete.

»Steve habe ich geliebt«, sagte Charlotte, als müsste sie sich selbst erklären, warum es mit Steve anders gewesen war.

»Ich weiß«, sagte Sandy und dachte: Du liebst ihn immer noch.

»Ich kann aber nicht zu ihm zurück«, sagte Charlotte.

»Eine Patchworkfamilie wollen Sie aber auch auf keinen Fall. Und Sie haben Steve geheiratet, weil Sie ihn geliebt haben.«

Charlottes Blick verfinsterte sich. »Wieso kriegt der eigentlich immer, was er will?«

»Ich würde mal sagen, die letzten Monate ist er eher ganz schön gebeutelt worden. Er hat wirklich ganz schön was durchmachen müssen. Und ist trotzdem wieder aufgestanden!«

»Ja und? Soll er mir jetzt deshalb leid tun, oder was?«

Sandy ließ Charlotte ihren Ärger.

»Meine Mutter kommt übrigens demnächst zu Besuch. Sie wollte wissen, ob es mir was ausmachen würde, wenn sie sich mal mit Steve zum Essen trifft.

Irgendwie wollen Frauen Steve immer helfen. Er hat eine Putzfrau, er hat seine wunderschöne italienische Köchin, seine Mutter würde alles für ihn tun … Und jetzt auch noch meine. Warum denn bloß? Warum?«

Sandy wollte die Unterhaltung lieber noch einmal zum Anfang zurücklenken, zu dem Problem, das es noch zu lösen gab. »Ja, das ist schon ein Ding. Aber können wir noch mal kurz darauf zurückkommen, dass Sie mitten in der Nacht zu Steve gefahren sind?«

Charlotte rutschte in ihrem Sessel hin und her. Sie hatte keine Lust, sich noch einmal diesem Thema zu widmen, das war deutlich.

»Sie machen sich Sorgen wegen Gabriella«, fuhr Sandy trotzdem fort. »Was denken Sie denn, was zwischen ihr und Steve läuft?«

»Keine Ahnung«, sagte Charlotte trotzig. »Und es interessiert mich auch nicht.«

»Natürlich interessiert es Sie. Das hatten wir doch schon mal. Wissen Sie nicht mehr, dass wir genau darüber schon mal geredet haben?«

Charlotte wich Sandys Blick aus. »Doch, weiß ich noch. Tut mir leid.«

»Muss es nicht. Aber überlegen Sie mal: Wenn Steve darüber sprechen wollen würde, dass er sich mit Gabriella trifft, wie würden Sie reagieren?«

»Dann würde ich mit ihm darüber sprechen.«

»Ich denke auch, dass Sie das tun sollten.«

Charlotte überlegte. »Wenn ich nicht bald zu Steve zurückgehe, wird er früher oder später eine andere finden.«

»Klar, früher oder später könnte Gabriella oder jemand anderes zu einem ernsten Problem werden«, gab Sandy zu. »Aber im Moment könnten Sie Steve einfach sagen, dass er sich bitte nicht mehr mit ihr treffen soll, und er würde es sofort lassen.«

»Ja, vielleicht«, sagte Charlotte. »Aber das würde ich nicht tun. Ich wüsste nur gern, ob es für uns noch ein Zurück gibt oder ob es dafür schon zu spät ist.«

Jeder hatte einen Zauberknopf, ging es Sandy durch den Kopf. Steve hatte einen, mit dem er Bill verschwinden lassen konnte. Charlotte hatte einen für Gabriella. Und sie selbst hatte nun auch einen. Sie könnte ihn drücken, und schon wären die beiden wieder zusammen. Sie müsste Charlotte einfach nur sagen, sie solle sofort zu Steve zurückgehen, sonst hätte er demnächst eine andere.

»Gibt es für uns noch ein Zurück?«, fragte Charlotte. »Bitte, Sandy. Ich muss das wissen.«

»Ich denke schon«, erwiderte Sandy. Und was, wenn ich damit falschliege?, überlegte sie. Was, wenn ich den Knopf nicht drücke und Steve mit

Gabriella durchbrennt? Wenn ich die Situation völlig falsch einschätze?

»Sagen Sie mir Bescheid, wenn wir uns diesem Punkt nähern?«, bat Charlotte.

»Das werden Sie viel besser wissen als ich. Sie kennen Steve doch viel besser als ich, Sie werden das schon merken.«

»Meinen Sie?«

»Garantiert.« Was mache ich denn hier für Versprechungen? Es gibt doch gar keine Garantie dafür.

»Steve und ich sind getrennt, aber ich sehe ihn immer noch als meinen Mann, als ob wir immer noch verheiratet wären.«

Als ob du ihm immer noch vertrauen würdest, dachte Sandy. Das meinst du doch eigentlich.

»Sie sind noch nicht geschieden. Sie dürfen ihn nicht nur als Ihren Mann sehen, er ist es auch tatsächlich.«

»Wollen Sie eigentlich, dass wir wieder zusammenkommen?«, fragte Charlotte plötzlich.

»Das habe ich nicht zu entscheiden«, entgegnete Sandy. Was für eine lahme Ausrede, dachte sie. Ja, Charlotte, ja, ich hätte gern, dass ihr wieder zusammenkommt. Aber dafür musst du alleine sorgen.

»Ich bin so wütend auf Steve«, sagte Charlotte.

Ich weiß, du hast schließlich in aller Herrgottsfrühe drei Stunden lang vor seinem Haus gewartet, bis er rauskam. Deine Wut ist mehr als deutlich. »Und ich finde, darüber sollten Sie mit ihm reden«, sagte Sandy.

»Ich will mich nicht wieder auf dich einlassen«, sagte Charlotte wütend, laut. Sie saß sehr aufrecht da. »Ich will nicht zu dir zurück!«

»Zu Steve«, berichtigte Sandy.

»Ja, natürlich. Sehen Sie, ich bin wirklich ganz durcheinander. Ich will nicht zurück zu Steve.«

»Aber Sie wollen auch keine Patchworkfamilie, Sie haben stundenlang vor seinem Haus gesessen, und Sie haben mit Männern geschlafen, die Sie eigentlich gar nicht mögen. Und trotzdem meinen Sie, darüber könnten Sie nicht mit ihm reden? Ich bitte Sie.«

Charlotte wurde nun richtig laut. »Ich habe vor seinem Haus gewartet, weil er irgendwelche Frauen fickt, während die Kinder nebenan sind!«

»Hat er doch gar nicht.«

19

Könnte er aber!«, brüllte Charlotte. Sie ließ sich erschöpft in ihrem Sessel zurückfallen.

Sie saßen schweigend da. Sandy hatte den Eindruck, dass eine Grenze überwunden worden war und sie sich beide nun jenseits davon befanden. Es war, als ob eine neue Sitzung begonnen hätte.

»Während Sie vor Steves Haus gewartet haben«, sagte sie schließlich, »wieso sind Sie nicht irgendwann einfach ausgestiegen und haben geklingelt?«

»Morgens um fünf? Da wären die Kinder doch wach geworden.«

»Sie sagten doch, Sie hätten drei Stunden da gesessen. Also waren Sie auch noch gegen sieben da, wenn die Kinder aufstehen müssen. Steve hätte sich bestimmt gefreut, die zwei gemeinsam mit Ihnen für den Kindergarten fertigzumachen.«

»Aber falls Gabriella da gewesen wäre?«

»Was dann?«

»Na, was hätte ich denn dann sagen sollen?«

»Sie kamen da ja nun nicht mit einer Waffe in

der Hand an. Sie hätten sich einfach vorgestellt«, erwiderte Sandy. »Und vielleicht auch ein paar Antworten auf Ihre Fragen bekommen. Aber Gabriella wäre ja gar nicht da gewesen. Sie hätten einfach geklingelt, Steve gesagt, dass Sie die Kinder vermisst haben, und wären in die Wohnung spaziert.«

Charlotte nickte. Sie verstand, was Sandy meinte. »Ich hätte ihn auch vorher vom Handy aus anrufen können.«

»Genau, Sie hätten sagen können, Sie wären zufällig gerade in der Nähe gewesen.«

»Das hätte er mir doch nie abgenommen«, sagte Charlotte, musste aber lächeln. »Sie meinten vorhin, Sie wären auf der Seite der Ehe. Was heißt das genau? Dass Sie die Ehe als gesellschaftliches Konstrukt gutheißen und verteidigen wollen?«

»Nein, nein, damit hat es überhaupt nichts zu tun. Ich rede hier nur von Ihrer im Speziellen. Ihre ganz eigene, individuelle Ehe, die Sie und Steve sich gemeinsam aufgebaut haben. Für mich ist die Ehe unabhängig von Ihnen beiden. Sie haben ein eigenständiges Wesen geschaffen und viel Arbeit hineingesteckt. Das Haus, die Kinder. Ich spreche für diese Ehe, weil weder Sie noch Steve es tun.«

»Steve hat unsere Ehe aber kaputtgemacht.«

Und trotzdem bist du hier, dachte Sandy. »Ja, hat

er. Aber die Ehe ist immer noch da. Fühlen Sie das nicht?«

Charlotte sah sie an, als wäre sie verrückt.

»Sie spüren sie wirklich nicht?«, hakte Sandy nach.

»Nein, absolut nicht«, antwortete Charlotte. »Wahrscheinlich bin ich immer noch zu verletzt.«

Wieso streitest du das bloß ab?, dachte Sandy. Du spürst diese Ehe doch immer noch so deutlich, dass du bereit warst, dich von Steve scheiden zu lassen. Eure Ehe ist so stark, dass du Steve am liebsten dafür umbringen würdest, dass er sie in Gefahr gebracht hat. Dir tut das alles doch nur so weh, weil dir eure Ehe nach wie vor etwas bedeutet.

»Kann ich Sie mal was Dummes fragen?«

»Es gibt keine dummen Fragen«, sagte Sandy. »Schießen Sie los.«

»Es gibt die drei IKEA-Sessel hier und dann noch einen anderen. Der sieht irgendwie viktorianisch aus mit dem grünen Bezug. Und er ist so altmodisch. Wozu steht der da?«

»Sie nehmen gerade so viel Neues wahr«, ermutigte Sandy sie. »Sagen Sie es mir.«

»Das Paar sitzt nicht da, die Therapeutin auch nicht. Wenn ich Ihrer Logik folge, müsste der Sessel also für die Ehe selbst reserviert sein.« Charlotte lächelte. »Aber das wäre schon ziemlich verrückt. Dafür ist der Sessel nicht wirklich da, oder?«

»Doch, genau dafür. Er soll mich daran erinnern, dass ich die Ehe vertreten muss. Sie kann ja nicht für sich selbst sprechen. Deshalb steht er für sie da.«

Charlotte betrachtete den grünen Sessel, als würde jemand dort sitzen. Dann sah sie wieder Sandy an. »Klingt, ehrlich gesagt, als wären Sie nicht ganz dicht.«

»Meinen Sie? Wenn Sie das nächste Mal mit Steve hier sind, schauen Sie mal, ob Sie die Ehe mit im Raum spüren. Tun Sie mir den Gefallen, versuchen Sie es einfach mal.«

»Ich wüsste gar nicht, wie ich das machen soll«, entgegnete Charlotte.

»Sehen Sie sich einfach den Sessel an, versuchen Sie zu fühlen, wie es ihm geht, wie er aussieht. Mutet vielleicht erst mal seltsam an, aber ich würde sagen, es wird Zeit, mal etwas Neues auszuprobieren. Was Sie bis jetzt versucht haben, scheint ja nicht zu funktionieren.«

Charlotte betrachtete den grünen Sessel. »Stimmt«, sagte sie nachdenklich.

»Also probieren Sie es mit etwas Neuem, auch wenn es Ihnen erst mal lächerlich vorkommt. Reden Sie mit Ihrer Ehe.«

»Sie meinten doch, sie spricht nicht selbst.«

»Nicht laut, nein. Aber wenn Sie genau hinhören, verstehen Sie sie trotzdem.«

»Sie wollen mir also erklären, was mein Scherbenhaufen von einer Ehe mir zu sagen hat, und zwar anhand eines Sessels, in dem sie nicht mal tatsächlich sitzt?« Trotz des Zynismus in ihrer Stimme lächelte Charlotte.

Sandy lächelte zurück. »Nicht ganz. Ich sage Ihnen nicht, was Ihre Ehe zu erzählen hat. Das werden Sie *mir* sagen. Ich bringe Ihnen nur bei, auf sie zu hören.«

20

Auf dem Parkplatz steht ein schwarzer Mercedes C63 AMG«, sagte Steve zu Sandy, nachdem sich alle gesetzt hatten.

»Jep, meiner«, antwortete Sandy.

»Im Ernst?«

»Darf ich etwa kein schickes Auto fahren?«

»Haben Sie Ihren Prius verkauft?«

»Nein, ich habe den Mercedes von meiner Mutter geerbt. Der brauchte eigentlich auch so ein Schild wie das Haus hier. Vielleicht verkaufe ich ihn irgendwann, mal sehen. Ich meine, es macht schon Spaß, damit zu fahren, aber wenn mein Prius nicht gerade in der Werkstatt wäre, würde ich es nicht tun. Vermissen Sie Ihren Mercedes?«

»Nein«, sagte Steve. »Als ich Ihren eben unten gesehen habe, dachte ich im ersten Moment, meiner ist wieder da und verfolgt mich.«

»Ich dachte auch kurz, es wäre Steves«, fügte Charlotte hinzu. »Ich dachte erst, er wäre eingeknickt. Aber dann habe ich den Subaru gesehen.«

»Sind Sie denn eingeknickt?«, fragte Sandy. »Schauen Sie sich bitte einmal Charlotte an, und sagen Sie mir, was Sie sehen.«

»Wie neulich?«, fragte Steve.

Sandy nickte.

Steve sah Charlotte an. Sie erwiderte seinen Blick. »Okay. Ich sehe eine Frau Anfang dreißig. Sehr hübsch, blonde Haare, blaue Augen. Sie ist schick gekleidet, bürotauglich, und trägt fast keinen Schmuck, nur kleine Goldohrringe. Sie hat ein weißes Oberteil an, einen dunkelblauen, engen Rock und flache schwarze Schuhe. Sie wirkt insgesamt sehr kompetent und souverän.«

»Gehen wir noch einen Schritt weiter«, sagte Sandy. »Sehen Sie sich Charlotte ruhig mal ein paar Minuten lang an.«

»Ich möchte eigentlich ungern so zum Objekt gemacht werden«, wandte Charlotte ein. »Genauer gesagt, möchte ich gar nicht angestarrt werden.«

»Starren Sie gern zurück«, sagte Sandy. »Danach sind Sie dann dran, etwas über Steve zu sagen.«

Charlotte zuckte nur mit den Schultern. Sie hielt offensichtlich nicht allzu viel von der Übung. Aber sie protestierte auch nicht weiter und sah Steve an.

Mehrere Minuten vergingen.

»Okay, ich gehe mal ein bisschen mehr ins Detail«, sagte Steve schließlich. »Charlotte hat also ein weißes Oberteil an, eine Bluse. Und ich weiß zufällig, dass sie die aus Paris hat. Der Kragen oben ist so ein bisschen …« Er suchte nach den richtigen Worten. »Wie aus der Zeit in Frankreich, als es Musketiere gab und alle so hohe Stiefel anhatten und Schwerter getragen haben. Ansonsten ist die Bluse eher schlicht, nur an den Ärmeln sind jeweils vier Knöpfe, und der Kragen hat ebenso was Romantisches. Und ich kann sie zwar nicht sehen, aber ich weiß, dass am Rücken eine Doppelnaht ist.«

»Gut«, sagte Sandy. »Weiter so.«

»Charlottes Haarfarbe, dieses Palomino, ist ihre Naturhaarfarbe, und die finde ich auch sehr romantisch, wie mehrere Lagen Gold, wirklich wunderschön. Die Länge ist auch irgendwie romantisch, ihre Haare sind so schön lang, reichen ihr bis über die Schultern, das wirkt so offen und frei.«

»Gehen Sie noch einen Schritt weiter«, ermunterte Sandy ihn. Sie rechnete fest damit, dass Charlotte Einwände haben würde, aber diese saß nur schweigend da und sah Steve mit ihren hübschen, romantischen blauen Augen an.

»Der schlichte blaue Rock ist eigentlich gar nicht so schlicht, das Blau ist sehr dunkel, fast schwarz, und die weiße Bluse bildet einen schönen Kontrast dazu. Er ist nicht extrem enganliegend, aber trotzdem sexy, er versteckt ihren Körper nicht.«

Wieder erwartete Sandy einen Einspruch von Charlotte, aber die sagte nichts, saß nur da. Vielleicht wartete sie darauf, dass sie an der Reihe wäre?

»Mir ist aufgefallen, dass Charlotte einen Schuh ausgezogen hat«, fuhr Steve fort. »Und sie hat den Fuß auf dem anderen abgestellt, an dem sie den Schuh noch trägt. Mir fällt gerade zum ersten Mal auf, dass an dem Absatz eine Art Halbkreis aus Kupfer angebracht ist, es sieht fast aus wie Sporen.«

»Nicht schlecht«, sagte Sandy. »Was fühlen Sie im Moment?«

Sie war sich ziemlich sicher, was er fühlte, und sie wollte, dass er es aussprach. Woher sie seine Gefühle so genau einschätzen konnte? Sie flogen ihr auf tausendfache Weise von ihm zu, von seinen Augen, seinen Händen, die die Sessellehnen umklammerten, seinem geraden Rücken.

»Ich bin traurig«, sagte Steve. »Und ich fühle mich sehr dumm, aber das ist ja nichts Neues, das ist mehr oder weniger der Grundtenor unserer Sitzungen.«

»Wieso sind Sie traurig?«

»Na ja, Charlotte so lange anzusehen … das macht mich irgendwie an.«

»Also jetzt wird's mir wirklich langsam zu bunt«, sagte Charlotte. »Ist das dein Ernst?«

»Das ist absolut sein Ernst«, gab Sandy zurück. »Und das wissen Sie auch. Und diese Übung ist ebenfalls sehr ernst.« Sie sah Steve an. »Warum erregt Sie das?«

»Charlotte sieht aus wie eine wunderschöne Frau, die auf einem Pferd auf dem Weg zu ihrem Geliebten ist, einem Räuber«, sagte Steve.

»Das ist doch jetzt nicht wahr«, stöhnte Charlotte genervt.

»Und weiter?«, fragte Sandy.

»Der Räuber betrügt sie um ihren Anteil«, sagte Steve.

»Und?«

»Sie holt eine Pistole mit silbernen Intarsien aus der verzierten Ledertasche am Sattelknopf ihres großen schwarzen Pferds und erschießt ihn.«

»Meine Güte, ich bin doch keine Figur aus einem Brontë-Roman oder aus diesem Alfred-Noyes-Gedicht, und ich bin auch nicht Anita Garibaldi, die mit einer Pistole in der Hand und einem Baby im Arm auf einem schwarzen Pferd dahergaloppiert kommt. Das hier hat außerdem nichts mit Paartherapie zu tun, ich habe mich nämlich schlaugemacht.«

Sandy setzte sich auf. Na dann leg mal los, Charlotte! »Und?«

»Welchen therapeutischen Ansatz verfolgen Sie zum Beispiel überhaupt? Strukturelle Familientherapie? Systemische Therapie? Lösungsorientierte Kurzzeittherapie? Narrative Expositionstherapie? Ich glaube, nichts davon. Das wirkt hier eher wie ein Anfängerseminar an der Uni.«

»Wie das, in dem Sie Steve kennengelernt haben?«

»Genau, wie ›Elisabethanische Lyrik‹.«

»Das, wo Steve seine Meinung zu bestimmter Kleidung kundgetan hat?«

»Genau. Was er ja jetzt gerade wieder tut.«

»Das Seminar, wo Sie sich in ihn verliebt haben.«

»Sie sagen immer, wir sollen uns ansehen und beschreiben, wie der andere aussieht. Aber wie wir aussehen, besonders wie Steve aussieht, ändert sich doch die ganze Zeit! Wenn ich ihn mir jetzt so anschaue, wirkt er meistens ziemlich locker mit seinen Jeans oder Cordhosen und dazu Holzfällerhemden. Früher hat er maßgeschneiderte Hemden getragen, heutzutage lässt er sie nicht mal mehr bügeln. Ganz der harmlose Naturbursche. Jemand wie Steve ändert sein Aussehen, wie es ihm gerade in den Kram passt, um den Eindruck zu erwecken, den er in dem Moment erwecken will.«

»Vielleicht hat er sich ja wirklich verändert«, gab

Sandy zu bedenken. »Sehen Sie ihn sich doch mal genauer an.«

»Ich habe ihn doch eben schon beschrieben.«

»Charlotte.«

»Nein, jetzt mal im Ernst! Steve sieht mich an und sieht eine romantische Heldin, und er hat ein schlechtes Gewissen, weil er den romantischen Teil von mir hintergangen hat. Und ja, gut, ich habe wirklich manchmal so einen Kleidungsstil à la ›nüchterne Romantikerin‹ und wünsche mir, dass es die große, wahre Liebe wirklich noch gibt.

Aber Steve hat den nüchternen Teil ignoriert. Wir haben zwei Kinder. Wir haben beide unsere Karrieren. Wir waren ein Team. Wir hatten jeder unsere genau definierte Rolle. Steve war der beschützende Businesstyp, der dafür sorgte dass es dem Team an nichts fehlt. Ich war die liebende Übermutter, die sich fast allein um die Kinder gekümmert hat und trotzdem noch arbeiten war, auch wenn meine Karriere natürlich nicht so beeindruckend war wie die von meinem Silicon-Valley-Ehemann.

Sogar die Kinder waren sich dessen bewusst, dass sie Teil des Teams sind und Aufgaben haben, sie mussten ihre Sache gut machen, und das haben sie auch.

Steve hat also nicht nur mich betrogen, sondern

das gesamte Team. Das gesamte Projekt, alles, was wir uns aufgebaut hatten. Es gab keine romantische Liebe zwischen uns. Unsere Liebe bestand darin, den Kindern bei den Hausaufgaben zu helfen, regelmäßig was aufs Sparkonto einzuzahlen, immer auf dem neuesten Stand zu sein, was unsere Investitionen in Aktien anging, Geld für die Ausbildung der Kinder beiseitezulegen, und so weiter und so fort. Das haben wir gemeinsam Stück für Stück miteinander aufgebaut, und dann reißt er einfach so alles ein?«

»Warum hat er das wohl getan?«

»Sehen Sie ihn sich doch an. Weil er nicht glücklich war. Man sieht ihm das ja sofort an: Er ist unglücklich.«

»Warum?«, fragte Sandy. Ihr ging durch den Kopf, dass Charlotte gerade genau das tat, worum sie sie gebeten, wogegen sie sich aber gesträubt hatte: Steve anzusehen. Ihr fiel außerdem auf, dass Charlotte sich auf eine Grenze zubewegte. Sie begab sich nicht gern von sich aus auf unbekanntes Gefühlsterrain, bewegte sich aber im Moment genau darauf zu. Am Rand blieb sie stehen.

»Es hat ihm nicht gereicht«, fuhr Charlotte fort. »Er hatte alles, was man sich wünschen kann, und es war ihm nicht genug. Nicht ich bin die Romantikerin von uns beiden, sondern er. Er kam nicht mit dem Alltag klar. Er wollte nicht jeden Tag das Gleiche, er wollte die schöne Prinzessin haben.«

»Aber das geht doch vielen so«, sagte Sandy. »Viele Menschen mögen ihren Job nicht und würden gern etwas an ihrem Leben ändern.«

»Er hatte aber den besten Job! Er war wichtig und hat wahnsinnig viel Geld verdient, das hat er doch immer wieder gesagt. Also kommen Sie mir jetzt nicht so.«

»Er hat seinen Beruf gehasst«, erwiderte Sandy. »Er war neidisch auf Sie, weil Sie Ihren lieben.«

Das erwischte Charlotte kalt. Steve sollte neidisch auf sie gewesen sein? Der Gedanke war ihr noch nie gekommen. Sandy mochte, wie offen Charlotte für neue Ideen war und wie stark sie oft reagierte. Man sah ihr dann immer genau an, wie ihre Gedanken sich neu ordneten.

»Er soll neidisch auf mich gewesen sein? Kann ich mir nicht vorstellen.« Sie machte eine weit ausholende Geste, als wollte sie einen ganzen Hörsaal mit einbeziehen, verschränkte dann die Arme vor der Brust und schüttelte den Kopf.

»Würden Sie Steves Job machen wollen?«, fragte Sandy.

»Im Leben nicht«, kam es wie aus der Pistole geschossen.

»Aber er musste ihn machen.«

Charlotte lächelte plötzlich. »Es hat ihm Spaß gemacht. Er hat seinen Job gern gemacht.«

»Wieso?«

»Sehen Sie sich mal seine Armbanduhr an. Das ist eine Submariner von Rolex. Die habe ich Steve vor ein paar Jahren gekauft. Er wollte so gern eine haben, aber wir konnten sie uns erst nicht leisten. Er wollte genauso cool wie seine Kollegen aussehen, er wollte dazugehören. Deshalb habe ich sie ihm gekauft.« Charlotte sah Steve in die Augen. »Ja, ich sehe dich an, wie Sandy es wollte. Du siehst traurig aus. Du wolltest diese Uhr doch haben, oder? Du hast dich doch darüber gefreut?«

»Damals dachte ich, ja«, antwortete Steve. »Aber dann irgendwann nicht mehr. Ich kam einfach nicht von diesem Zug runter, der ist mit mir immer weitergefahren.«

Dass die beiden aber auch immer in Metaphern reden müssen, dachte Sandy. Ein Glück, dass wenigstens eine Englischdozentin dabei ist.

»Was für ein Zug genau?«, fragte sie.

»Der Zug für alles.«

»Was soll das heißen? Ich habe den Eindruck, dass Sie ein komplexes Eisenbahnnetz im Kopf haben, Steve. Oder vielleicht auch so was wie das U-Bahn-Netz von New York, wo Gleise teilweise nebeneinanderlaufen, sich kreuzen. Also sagen Sie mir genauer, von welchem Zug Sie nicht runterkamen. Von der Linie A? Oder der M? Waren Sie auf dem Weg in die Bronx? Nach Brooklyn? Manhattan?«

»Es gab nur einen Zug, und der bestand aus meiner Familie, aus meinem Job, aus den Kindern, aus Charlotte.«

Natürlich, das ergab Sinn, dachte Sandy. Sie waren schon zehn Minuten über die Zeit hinaus. Aber es wartete niemand, sie hatte keinen Klienten mehr nach Steve und Charlotte. Wenn die beiden heute mehr Zeit brauchten, dann sollte es eben so sein. Andererseits hatte sie auch das Gefühl, dass sie erst einmal ein bisschen Ruhe brauchten, um alles auf sich wirken zu lassen, was heute in der Sitzung geschehen war. Vielleicht wäre es doch das Beste, Steves Antwort einfach so stehenzulassen, auch wenn sie noch nicht komplett war. Dann könnten sie darüber nachdenken.

Vielleicht fuhr Steve auch in einem ganz eigenen Zug, fiel Sandy ein. Oder er fuhr auf Charlottes mit. Vielleicht hast du den Zug überhaupt erst gebaut, Charlotte. Und auch entschieden, wo er hinfährt. Vielleicht hatte es gar keine andere Chance für Steve gegeben, den Zug anzuhalten, als ihn in die Luft zu sprengen.

21

Jedesmal ist es anders, dachte Sandy. Da erwarte ich immer, beim nächsten Mal geht es um etwas anderes, aber dann merke ich, dass das doch nicht der Fall ist.

»Entschuldigung, ich konnte gerade nicht folgen. Was ist dieser Fühlschlauch noch mal?«, fragte Sandy.

»Eigentlich nur ein gewundener Gang in so einer Art Hügel«, erklärte Steve. »Aber die Wände von dem Schlauch sind mit verschiedenen Materialien ausgekleidet, die man ertastet, während man da durchkriecht. Mal robbt man ein Stück hoch, mal rutscht man ein Stück runter, aber das weiß man vorher nicht, weil es komplett dunkel ist. Das gehört zum Exploratorium, und man kann den Fühlschlauch für Feiern mieten. Das wäre doch eine gute Idee für Chris' sechsten Geburtstag, dachte ich. Er kann die ganze Klasse einladen.« Steve sah Charlotte an, die jedoch nur mit den Schultern zuckte.

»Eine Geburtstagsfeier mit der ganzen Klasse ist nicht unbedingt mein Ding«, sagte sie. »Aber das heißt natürlich nicht, dass du das nicht machen darfst.«

»Ich dachte, wir veranstalten die Party gemeinsam«, sagte Steve.

»Das müssen wir aber nicht unbedingt. Du bist gut im Organisieren. Mach doch einfach, worauf du Lust hast, und ich hole Chris dann hinterher ab. Liz könnte vielleicht bei dir bleiben, und ich gehe mit Chris essen.«

Sandy beobachtete, wie sich erst Verwirrung und dann Enttäuschung auf Steves Gesicht abzeichneten. Er fühlte sich im Stich gelassen und rutschte in sich zusammen. Ist schon okay, Steve, dachte Sandy. Geburtstage sind schwierig, wenn man getrennt ist.

»Aber was denkt Chris denn, wenn du nicht dabei bist?«, fragte Steve.

»Er wird sich denken, dass Sie nun mal getrennt sind«, sprang Sandy ein. »Wahrscheinlich merkt er es aber nicht mal. Kinder in dem Alter sind doch immer fast high von dem vielen Zucker, toben die ganze Zeit herum und so. Es fällt ihm bestimmt gar nicht auf.«

»Ich will das aber nicht allein machen«, sagte Steve leise.

»Du bist ja auch nicht allein, du hast zwanzig Kinder und deren Eltern um dich herum«, sagte Charlotte. »Und vielleicht kommt Gabriella ja auch.«

»Darauf gehe ich jetzt mal nicht ein«, sagte Steve.

»Wieso nicht?«, fragte Sandy.

»Gabriella und ich sind nicht zusammen«, antwortete Steve.

»Noch nicht«, sagte Charlotte.

»Was haben Sie in dem Moment empfunden, als Charlotte meinte: ›Vielleicht kommt Gabriella auch‹?«, fragte Sandy Steve.

»Dass sie mich damit auf die Palme bringen will.«

»Das wollte sie auch, aber was haben Sie dabei empfunden?«

»Was wohl?« Steve klang verärgert. »Ich versuch hier, eine Geburtstagsparty zu planen, und das ist ihr Kommentar dazu? Dass ich es doch mit Gabriella zusammen machen soll? Das hat mich wütend gemacht.«

»Verständlicherweise«, erwiderte Sandy. »Warum hat Charlotte das wohl gesagt?«

»Weil sie böse auf mich ist.«

»Und warum ist sie böse auf Sie?«

»Moment mal«, warf Charlotte ein. »Ich bin überhaupt nicht böse. Ich bin nur traurig. Melancholisch. Tut mir leid.«

»Warum wollen Sie denn Chris' Geburtstag nicht gemeinsam mit Steve feiern?«

»Gute Frage.« Charlotte überlegte. »Meine Gefühle sind ziemlich durcheinander, was das angeht. Auf jeden Fall ist mir etwas klargeworden: Wenn man sich scheiden lässt, muss man ganz schön oft so tun als ob, um alles halbwegs am Laufen zu halten. Bei Geburtstagsfeiern und Schulveranstaltungen und so muss man ständig so tun, als wäre alles in Ordnung. Aber mir ist im Moment überhaupt nicht danach. Ich will einfach noch nicht lernen, wie man so tut, als wäre alles okay, obwohl es das nicht ist.«

»Ich auch nicht«, sagte Steve.

»Wenn ich nicht zu der Party komme, musst du das doch auch nicht. Dann kannst du einfach nur Chris' Vater sein und musst nicht auch noch so tun, als wärst du mein Mann.«

»Warum wollen Sie nicht lernen, so zu tun als ob?«, fragte Sandy.

»Na ja, wer würde das schon?«, fragte Charlotte zurück.

»Zum Beispiel jemand, der sich scheiden lassen will.«

»Ich will mich aber nicht scheiden lassen«, sagte Charlotte heftig. »Ist doch logisch, das will doch keiner. Das ist ja unter anderem der Grund, warum ich hierherkomme. Ich *will* also keine Scheidung. Aber ob es am Ende tatsächlich dazu kommt, weiß ich natürlich nicht. Sagen Sie es mir. Sie haben doch viel Erfahrung mit Paaren, die kurz davorstanden.«

»Ich hab selbst eine Scheidung hinter mir«, antwortete Sandy. »Und ich kann Ihnen sagen: Wenn es irgendwie geht, versucht man es zu verhindern.«

»Wie lange ist Ihre Scheidung her?«, wollte Charlotte wissen. »Falls Ihnen das nicht zu persönlich ist.«

»Sie können mich fragen, was Sie wollen. Ich bin nicht so eine Therapeutin, die streng darauf achtet, das Private vom Beruflichen zu trennen. Meine Scheidung ist jetzt fünfundzwanzig Jahre her.«

»Dann haben Sie jung geheiratet.«

Sandy lächelte. Jung geschieden, jung noch einmal geheiratet. »Beide Male«, sagte sie.

»Und, werden Steve und ich uns nun scheiden lassen?«, fragte Charlotte.

»Das weiß ich nicht«, antwortete Sandy.

»Kann ich mal kurz was sagen?«, meldete sich Steve zu Wort. »Ich möchte auch keine Scheidung.«

Charlotte sah ihn an. »Du hast mich aber betrogen. Und dann hast du mit Bonny Garvey geschlafen. Ich behaupte nicht, dass das falsch war, Sandy sagt ja immer, es gibt kein Richtig und kein Falsch. Aber es hat mir weh getan und tut immer noch weh.

Ich weiß, dass das verrückt ist. Es sollte mir egal sein, schließlich habe ich dich verlassen, also kannst du machen, was du willst. Ich habe während unserer Trennung ja auch nicht im Zölibat gelebt. Trotzdem tut es mir weh. Und seien wir mal ehrlich: Du fängst demnächst was mit dieser Gabriella an, falls es nicht schon längst so weit ist. Und ich verstehe das, du bist einsam und verletzt.

Aber die Sache ist die: Je mehr Zeit vergeht, je länger wir getrennt sind, umso mehr tun wir einander weh. Wir stapeln eins aufs andere, und irgendwann werden wir darunter zusammenbrechen. Und dann lassen wir uns eben doch scheiden.«

»Jedes Paar verletzt einander ab und zu, egal ob man verheiratet oder geschieden ist«, sagte Sandy. »Es kommt nur darauf an, wie man damit umgeht.«

»Ich bin mir da nicht so sicher«, widersprach Charlotte. »Und ich habe ja auch noch diese Sache mit Bill. Es ist nicht mehr wie früher, aber ich rede immer noch gern mit ihm und freue mich über seine Briefe. Er schreibt mir richtig altmodische Briefe, auf hübschem Briefpapier und mit Füller. Er hat eine wunderschöne Handschrift. Wie würdest du das finden, wenn wir beide wieder zusammenkommen, aber ich weiter Kontakt mit Bill habe, Steve? Ich würde ihn wahrscheinlich nur noch selten sehen, nur immer mal wieder auf einer Konferenz.

Aber den Kontakt zu ihm würde ich schon aufrechterhalten wollen. Könntest du damit leben? Ich weiß, dass ich keine Beziehung mit ihm will, das ist vorbei.«

»Wenn ihr euch auf einer Konferenz seht, würdest du dann mit ihm schlafen?«, fragte Steve.

»Weiß ich nicht. Wahrscheinlich nicht. Aber ich würde dir auch nicht versprechen, dass nichts passiert.«

»Meinst du das ernst?«

Charlotte beugte sich ein Stück vor und sah Steve in die Augen. »Todernst.«

Sandy dachte bei sich, ein selbstbewusster Steve, dem es gutging, würde Charlottes Angebot wahrscheinlich annehmen. Aber wenn es ihm schlechtging, wenn er von Selbstzweifeln und Minderwertigkeitskomplexen geplagt wurde, wenn er müde und erschöpft war, würde er sich immer vorstellen, dass Charlotte gerade mit Bill schlief, und es ihr vorwerfen.

Er war im Moment absolut nicht in der Verfassung, unter solchen Bedingungen mit Charlotte zusammenzuleben. Er würde sich ständig fragen, ob sie gerade mit Bill telefonierte, ihm schrieb, mit ihm im Bett war. Das würde er keine vierundzwanzig Stunden aushalten.

»Also ich weiß nicht«, sagte Steve. »Könnten wir

nicht zusammenleben und es ausprobieren? Ohne dass ich vorher festlegen muss, dass es für mich in Ordnung ist, wenn du Kontakt mit Bill hast?«

»Nein, das funktioniert nicht. Ich lasse mich nicht emotional erpressen.«

Sandy fiel auf, dass Charlotte mittlerweile von der Geburtstagsfeier sprach. Ob Steve das auch merkte? Falls nicht, würde sie es ihm sagen.

»Wann habe ich das denn jemals getan?«, fragte Steve.

»Jetzt gerade«, antwortete Charlotte. »Was Chris' Geburtstag angeht. Du akzeptierst meine Haltung dazu nicht. Du stellst mich als schlechten Menschen dar, weil ich nicht das tun will, was du für richtig hältst.«

Faszinierend, dachte Sandy, dass man wirklich alles ganz deutlich vor einem Mann ausbreiten konnte, und der kapierte es trotzdem nicht oder wollte es nicht kapieren. Es liegt doch alles direkt vor deiner Nase, Steve. Du musst nur endlich lernen, es zu erkennen.

»Steve, was drückt Charlotte gerade aus?«, fragte sie.

»Dass sie nicht bei der Feier dabei sein will.« Steve sagte es zögerlich, sich offensichtlich bewusst, dass er nicht vollkommen verstand, was gerade geschah.

Er wirkte verloren, mitten im Wald und kein Weg weit und breit, und er fragte sich, wie er sich überhaupt hierher hatte verlaufen können, wenn es doch gar keinen Weg gab.

»Charlotte meinte, Sie würden sie emotional erpressen, was die Geburtstagsfeier angeht. Sie hat von Anfang an gesagt, dass sie sich mit Ihrem Vorschlag nicht anfreunden kann. Es hat ihr weh getan. Warum? Und was hat es mit Bill zu tun?«

Sandy sah Steve an, wie er die bisherige Sitzung noch einmal im Kopf Revue passieren ließ, zurückspulte und wieder vorspulte. Ja, Steve, es ist leider nicht ganz einfach. Aber du schaffst das schon. Sandy hätte ihn am liebsten am Kragen gepackt und durchgeschüttelt.

»Steve!«

»Ja-ja! Sie wollen also sagen, dass Charlotte die Trennung sehr belastet und sie deshalb nicht vor Chris' gesamter Klasse damit hausieren gehen will?«

»Ich sage überhaupt nichts, fragen Sie doch Charlotte. Es geht um ihre Gefühle.«

Steve dachte nach. Ihm kam eine Idee. »Sie denkt, dass die Sache mit Bill ein Fehler war, und macht sich Sorgen, dass ich ihr das für immer vorhalten könnte?«

Genau das Gegenteil von dem, was sie gesagt hatte …

Steve sah Charlotte an. Diese ließ sich jedoch nichts anmerken. Sie war zu stolz dazu. Und sich ihrer Gefühle genauso wenig bewusst wie Steve sich seiner. Zumindest bis jetzt noch.

»Fragen Sie Charlotte doch einfach«, sagte Sandy.

»Charlotte?«, fragte Steve.

»Es bricht mir das Herz, dass wir mittlerweile an dem Punkt sind, wo wir die Kinder einbeziehen müssen«, antwortete Charlotte. »Dass sie Bescheid wissen.«

»Dann lass uns doch eine Lösung finden, mit der es allen gutgeht«, schlug Steve vor. Er war jetzt Feuer und Flamme, sprang von einer Idee zur anderen, sah endlich, was sich hinter den Worten verbarg. Sandy sah ihm an, dass ihm eine neue Idee kam.

»Chris liebt Züge. Er hat doch diesen großen aus Holz, mit dem er ständig spielt«, sagte Steve und lächelte. »Wie wär's denn, wenn wir mit ihm eine Zugfahrt nach Palo Alto machen? Das erste Mal in einem echten Zug. Er kann einen Freund aus seiner Klasse mitnehmen, und Liz bringt auch jemanden mit. Und dann essen wir alle zusammen in Palo Alto.«

Charlotte nickte. »Eine schöne Idee. Da wäre ich dabei.«

22

Und, wie war die Geburtstagsfeier?«, fragte Sandy.

»Ziemlich gut«, sagte Steve. »Den Kindern hat es echt gefallen.« Er sah Charlotte an und wünschte sich offensichtlich, dass sie etwas dazu sagte.

»Es war in Ordnung«, sagte sie. Sie sah kurz zu Steve, dann wieder zu Sandy. »Moment, das war nicht fair. Es war mehr als in Ordnung. Steve hat das wirklich toll gemacht, er hatte Schaffnermützen und Geschenke für alle Kinder dabei. Und er hatte ein Picknick vorbereitet.« Charlotte wirkte in sich zurückgezogen. Sie sah in die Ferne.

»Ich glaube, wir haben noch nie über das Wochenende gesprochen, nachdem ich Bill auf der Konferenz kennengelernt hatte«, fuhr sie fort. »Steve und ich haben mit den Kindern Freunde in Palo Alto besucht. Sie haben Kinder im gleichen Alter und einen großen Swimmingpool. Wir hatten das schon Wochen zuvor geplant gehabt, also kam ich aus der Nummer nicht mehr raus.

Ich hatte natürlich nicht die geringste Lust darauf, ein Wochenende mit Steve, den Kindern und unseren Freunden zu verbringen und die ganze Zeit so tun zu müssen, als ob wir eine ganz normale Familie wären und Steve mir etwas bedeuten würde. Ich habe mich innerlich unglaublich dagegen gesträubt. Die gesamte Autofahrt war mir ganz schlecht. Ich habe immer mal wieder zu Steve rübergeschaut und gedacht, dass er mich nie glücklich machen könnte. Dass ich nie so eine unglaubliche, unwillkürliche emotionale Verbindung mit ihm empfinden könnte wie mit Bill.

Es war so ein abgrundtief trauriger Tag, und ich war auch total gereizt. Steve hat mich geradezu angewidert, ich konnte den Gedanken kaum ertragen, dass er der Vater meiner Kinder ist und ich jemals gedacht hatte, ich würde ihn lieben. Dass ich jemals Sex mit ihm hatte.

Und für den Geburtstag waren wir ja wieder auf dem Weg nach Palo Alto. Diesmal mit dem Zug, nicht mit dem Auto, aber trotzdem. Und ich musste an die andere Fahrt denken, als ich Steve nicht ausstehen konnte und dachte, ich könnte ein neues Leben mit Bill anfangen. Dass eine Scheidung gar nicht so schlimm wäre. Das ist jetzt acht Monate her. Und bei der jetzigen Fahrt konnte ich Steve ansehen und war stattdessen dankbar dafür, dass er sich solche Mühe mit dem Ausflug gegeben hatte. Und ich war auch dankbar dafür, dass er immer wieder ankommt. Ich habe ihm bestimmt fünfzigmal gesagt, dass ich bei der Geburtstagsfeier nicht dabei sein will, aber er hat nicht lockergelassen. Er hat einfach nicht lockergelassen, und irgendwann hatten wir dann diesen Kompromiss mit der Zugfahrt. Und die Kinder hatten Spaß, und ich auch.«

Sandy musste daran denken, wie Charlotte anfangs gar nichts zu dem Geburtstagsausflug hatte sagen wollen. Und jetzt hatte sie nicht nur ihre jetzigen Gefühle beschreiben können, sondern auch die von früher, die Erinnerungen hatten erst interessiert den Kopf schief gelegt und waren dann auf sie zugestürmt wie große, zottelige Hunde.

Ich fahre übrigens übers Wochenende weg«, sagte Steve. »Falls du Unterstützung mit den Kindern brauchst, springen meine Eltern aber gern ein.«

»Wo geht's denn hin?«, fragte Charlotte.

»Mendocino.«

»Aber hoffentlich nicht mit Bonny. Da wäre ich jetzt wirklich enttäuscht.«

»Nein, ich habe schon seit Monaten keinen Kontakt mehr zu ihr. Ich dachte, das hätte ich dir erzählt.«

»Dann ist ja gut.«

Steve war mittlerweile sehr entspannt während der Sitzungen, fiel Sandy auf. Sie wollte, dass sich beide wohl genug fühlten, um über die persönlichsten Dinge zu sprechen, als wäre sie gar nicht da, die kleine Maschine, die das, was beide sagten, in das übersetzte, was sie meinten.

»Und mit wem fahren Sie dann?«, fragte Sandy.

»Mit Gabriella, der Frau, die mir Kochen beibringt.«

»Steve, ich weiß noch sehr gut, dass du dir von einer Italienerin namens Gabriella Kochen beibringen lässt«, sagte Charlotte. »Und du erinnerst dich sicher auch noch daran, dass ich meine Neugier nicht beherrschen konnte und mir ihre Website angesehen habe. Wie alt ist sie eigentlich, um die zwanzig?«

»Mitte dreißig«, erwiderte Steve.

»Eure Kochstunden laufen ja anscheinend super.«

»Du kannst dich jederzeit davon überzeugen, ich koche gern mal für dich.«

»Jederzeit – nur nicht dieses Wochenende, hm?«

»Das ist das erste Mal, dass ich was mit ihr zusammen unternehme.«

»Schon komisch – letztes Wochenende hatten wir die gemeinsame Geburtstagsfeier, und das nächste verbringst du mit Gabriella.«

»Was ist daran komisch?«, fragte Sandy. »Was hat das eine mit dem anderen zu tun?«

»Na ja, es ist doch schon eine gewisse Ironie des Schicksals«, antwortete Charlotte. »Ich habe das erste Mal seit Jahren wieder einen richtig schönen Tag mit Steve, und danach fährt er übers Wochenende mit seiner Kochkursleiterin weg.«

»Und wo liegt das Problem?«

»Wo das Problem liegt, wenn Steve nach einem

Tag mit mir sofort ein Wochenende mit einer anderen Frau verbringen muss? Muss ich das wirklich erklären? Ich wollte ja unter anderem nicht bei der Feier dabei sein, damit die Kinder nicht denken, dass Steve und ich wieder zusammenkommen. Und jetzt das.«

»Wirklich?«, hakte Sandy nach. »Das höre ich zum ersten Mal. Davon haben Sie in der letzten Sitzung nichts gesagt. Ich glaube, ehrlich gesagt, dass es gar nichts mit den Kindern zu tun hat. Ich denke eher, Sie sind sich nicht sicher, was Sie von Steves und Gabriellas gemeinsamem Wochenende halten sollen, weil Sie sich nicht sicher sind, wo Sie mit ihm jetzt stehen.«

Charlotte setzte sich auf. »Ja, gut, ich weiß tatsächlich nicht genau, wo Steve und ich gerade stehen. Aber ich weiß im Moment eh nichts genau!«

Was schon mal ein Fortschritt ist, dachte Sandy.

»Soll ich das Wochenende absagen?«, fragte Steve.

»Fang jetzt bloß nicht so an«, erwiderte Charlotte.

»Was fühlst du denn genau?«

Eine einfache, aber ziemlich clevere Frage in dem Moment, dachte Sandy.

»Keine Ahnung, was ich fühle«, sagte Charlotte. »Ich freue mich, dass das Leben für dich weitergeht.

Und ich bin froh, dass du damit bis nach Chris' Geburtstag gewartet hast.«

Typisch Charlotte, sie sagte genau das Gegenteil von dem, was sie meinte. Du freust dich, dass das Leben für ihn weitergeht? Charlotte, du bist doch in Wahrheit stocksauer, dass Steve übers Wochenende mit Gabriella wegfährt!

»Du klingst aber nicht so, als ob du dich freust«, sagte Steve.

Endlich verstand er. Acht Monate harte Arbeit, und endlich wurde ihm klar, was hier passierte.

Charlotte schloss die Augen. »Ich bin es auch nicht. Ich fühle mich sehr einsam und verletzlich. Ich bin gerade emotional überhaupt nicht gut in Form. Außerdem haben wir Winter, also ist mir auch noch die ganze Zeit kalt.«

»Der Winter macht dir ja sowieso immer ziemlich zu schaffen«, sagte Steve.

»Vielleicht würde mir ein kurzer Skiurlaub guttun. Ich werde mal drüber nachdenken.«

Du hast kurz verstanden, worum es eigentlich geht, und jetzt hast du es wieder versaut, Steve, dachte Sandy. »Darf ich kurz unterbrechen?«, fragte sie. »Charlotte, Sie meinten eben, Sie fühlen sich einsam und verletzlich. Und Steve, Ihre Reaktion war darauf, dass der Winter Charlotte sowieso immer zu schaffen macht.« Eben lief es doch noch so gut, Steve. »Also. Charlotte sagt, dass sie einsam und verletzlich ist …« Sie sah ihn erwartungsvoll an.

»Hab ich gehört«, erwiderte Steve.

»Das merkt man Ihnen aber nicht an. Sie sind überhaupt nicht darauf eingegangen, dabei waren Sie davor so schön auf dem richtigen Weg. Stattdessen reagieren Sie, als hätten wir es hier mit einer stinknormalen Winterdepression zu tun. Und Charlotte, Sie machen auch noch mit und erzählen was von einem Skiurlaub. Sie trauen sich beide nicht, auf die Gefühle einzugehen, die direkt vor Ihrer Nase liegen. Sie haben solche Angst davor, über Einsamkeit und Verletzlichkeit zu sprechen, dass Sie lieber auf Banalitäten ausweichen.«

Charlotte und Steve waren beide Mitte dreißig, aber in diesem Moment wirkten sie auf Sandy sehr viel jünger.

»Versuchen wir das noch mal«, sagte sie. »Charlotte, Sie fangen an. Sie wollten Steve gerade sagen, wie Sie sich fühlen.«

Charlotte schwieg.

»Kommen Sie, tun Sie mir den Gefallen.«

»Ich habe mich einsam und verletzlich gefühlt«, leierte Charlotte monoton herunter.

»Warum?«, fragte Steve.

»Weil ich einsam und verletzlich *bin*.«

»Ich dachte, du triffst dich mit diesem Freund von Lucy, dem Schriftsteller.«

»Wir haben uns ein paarmal getroffen, aber ich war nicht glücklich mit ihm. Ich versuche es mit einem Mann nach dem anderen, aber mit keinem klappt es richtig.«

»Wenn ich höre, dass du so viele Männer hast, werde ich eifersüchtig.«

»Keine Sorge, dafür gibt es keinen Grund. Ich würde dir schon Bescheid sagen, wenn es so wäre. Im Moment lebe ich wie eine Nonne. Ich habe versucht, mich dazu zu zwingen, etwas für diese Männer zu empfinden, aber es hat einfach nicht funktioniert. Aber ich komme auf jeden Fall nächstes Wochenende klar, ich habe ja die Kinder.«

»Steve erzählt Ihnen also, dass er mit Gabriella nach Mendocino fährt«, mischte sich Sandy ein, »und Sie erzählen ihm daraufhin, dass Sie sich einsam und verletzlich fühlen.«

»Ich weiß, dass das miteinander zu tun hat«, sagte Charlotte.

»Und Sie waren auf Gabriellas Website«, fuhr Sandy fort. »Hier passiert so einiges.«

»Ich finde es irgendwie seltsam, dass wir so viel Zeit mit Diskussionen darüber verbringen, wer mit wem schläft«, sagte Charlotte. »Ist das denn wirklich so wichtig?«

»Es ist immerhin der Grund, weshalb Sie hier sind. Aber ich bin da ganz Ihrer Meinung, es ist nur ein Symptom. Die tatsächlichen Probleme haben mit Ihrem Kommentar zu tun, wie Sie sich fühlen. Wie oft waren Sie jetzt eigentlich auf Gabriellas Website? Es war definitiv nicht das erste Mal, ich erinnere mich noch, wie Sie vor einer Weile von einem Video erzählt hatten, in dem sie eine Tomate gegessen hat. Wann war das letzte Mal?«

»Gestern«, antwortete Charlotte unwillig.

»Und Sie meinen, diese Website zeigt Gabriella akkurat und kein bisschen beschönigt?«

Charlotte musste lächeln. »Zumindest die Rezepte scheinen akkurat. Es gibt da zum Beispiel so ein Video, wo sie Ravioli macht. Sie hat so eine Extra-Küchenmaschine dafür. Das wollte ich auch schon immer mal ausprobieren. Und ich habe mir das Video angesehen und dachte, ich kann gut verstehen, dass Steve diese Frau gefällt.«

»Und?«

»Sie kommt online sehr sympathisch rüber. Sehr italienisch, so der mütterliche, naturverbundene Typ. Ich bin wohl eher die blonde, blauäugige Schneekönigin dagegen. So sieht Steve das jedenfalls, könnte ich wetten. Dabei ist Gabriella in Wirklichkeit bestimmt eine totale Zicke und wird ihm das Leben zur Hölle machen.

Wissen Sie, Sandy, wir kommen jede Woche brav hierher, aber früher oder später wird diese hübsche italienische Köchin Steve irgendein ganz besonderes Essen machen, und er verliebt sich in sie. Und dann sind wir hier fertig.«

»Ich werde mich bestimmt nicht in jemand anderen verlieben«, sagte Steve.

»Mich ärgert so«, fuhr Charlotte fort, ohne auf Steves Kommentar einzugehen, »dass ich einen besseren Menschen aus dir gemacht habe, und dann kommt so eine dahergelaufene Italienerin an und nimmt mir das Ergebnis weg. Manchmal wünschte ich wirklich, ich wäre bereit, wieder mit dir zusammenzuleben.«

»Und das bist du nicht?«, fragte Steve.

»Nein.«

»Wieso nicht?«

»Gute Frage. Das ist sogar eine sehr gute Frage. Zum einen, weil ich noch nicht bereit bin, Bill aufzugeben.«

Steve wollte etwas sagen, besann sich dann jedoch.

»Ich meine, klar, irgendwie habe ich ihn natürlich schon längst aufgegeben, aber so ganz abgeschlossen habe ich eben doch noch nicht mit der Sache. Wenn er mich anruft, haut mich das immer noch um«, sagte Charlotte.

»Dieses Arschloch«, sagte Steve.

»Da bin ich ganz bei dir, aber ich erkläre dir hier gerade meine Gefühle. *Darum* geht es im Moment.«

Steve überlegte kurz. »Warum haut es dich um?«, fragte er schließlich.

»Unser Kennenlernen war eben eine besondere Situation, ich war das hilflose Burgfräulein und er der kühne Ritter, der mich gerettet hat. Erinnerst du dich übrigens noch an unseren Ausflug nach Mendocino? Wir hatten die Kinder damals bei deinen Eltern gelassen und sind mit Kajaks den Fluss hochgepaddelt.«

Sandy bemerkte, dass Charlotte das Thema Bill blitzschnell fallengelassen hatte. Bestimmt würde sie jetzt auf Gabriella umschwenken, bestimmt hatte sie den Zusammenhang zwischen den beiden erkannt.

»Das war echt schön«, sagte Steve.

»Dann mach doch diesen Kajakausflug noch mal mit Gabriella.«

Was sie überhaupt nicht meinte, nicht mal ansatzweise. Es war das genaue Gegenteil von dem, was Charlotte meinte. Und Steve? Der sah sie nur an und schwieg.

»Das Thema Bill tut ganz schön weh, nicht?«, sagte Sandy zu Steve. »Was meinen Sie, wieso hat Charlotte ihn wohl erwähnt? Was will Sie Ihnen

damit sagen, dass sie noch nicht bereit ist, ihn aufzugeben?«

Sie sagt das Gegenteil von dem, was sie meint …

Steve sah zwischen Sandy und Charlotte hin und
her. Sandy sah ihm an, wie es plötzlich klick machte.
Die Erkenntnis ließ ihn tatsächlich zusammenzu-
cken.

»Ich werde mich nicht in Gabriella verlieben«,
sagte Steve. »Es ist eine ganz nette Beziehung, aber
nicht das, was du mit Bill hattest.« Er zögerte einen
Moment. »Ich hab eine Idee. Nachdem wir jetzt so
lange über dieses Wochenende mit Gabriella geredet haben, wieso planen wir nicht ein Wochenende
für uns? Nur wir zwei.«

Er hatte verstanden, wurde Sandy klar. Er hatte
verstanden, dass Charlotte Bill losgelassen hatte
und nicht wollte, dass sich eine neue Bedrohung
der Beziehung in Form von Gabriella herausbil-
dete.

»Vielleicht können wir darüber reden, wenn du
wieder da bist«, antwortete Charlotte.

24

Und, wie war das Wochenende mit Gabriella?«, fragte Sandy. Kein sonderlich origineller Einstieg, schoss ihr durch den Kopf. Aber es interessierte sie eben.

Charlotte hatte bis eben aus dem Fenster gesehen, nun wandte sie ruckartig den Kopf zu Sandy. »Die Frage würde ich gern überspringen. Sie meinten doch, dass ich mich nur unglücklich mache, wenn ich immer wieder auf Gabriellas Website herumschnüffele. Und damit haben Sie recht, das habe ich eingesehen. Also will ich mir jetzt erst recht nicht anhören, wie toll das Wochenende war und wie oft Steve und sie Sex hatten.«

»Woher wollen Sie denn wissen, dass das Wochenende so toll war und die beiden Sex hatten?«

Charlotte schüttelte nur den Kopf und hob abwehrend die Hand. »Im Endeffekt ist es sowieso völlig egal. Ich habe lange darüber nachgedacht und für mich entschieden: Was außerhalb dieser Praxis passiert, will ich nicht wissen.«

»Das versteh ich jetzt nicht«, sagte Steve.

»Du und ich, unsere Geschichte, das ist wichtig«, erklärte Charlotte. »Das passiert ja gerade in diesem Raum. Und nur, was hier drin passiert, zählt auch. Wer nicht hier mit uns im Raum sitzt, zählt nicht. Und Gabriella ist nun mal nicht hier.«

»Aber es geht doch darum, hier zu lernen, wie wir im echten Leben klarkommen«, wandte Steve ein.

»Was denn für ein echtes Leben? Kann ich ehrlich mit dir sein, Steve?« Charlotte sah Sandy an. »Ich bitte Steve damit übrigens nicht um Erlaubnis, ich stelle mir selbst die Frage, ob ich mich *traue*, komplett ehrlich mit ihm zu sein.«

»Klar können Sie«, antwortete Sandy.

»Also.« Charlotte holte tief Luft. »Ich verbringe im echten Leben, wie du es nennst, viel Zeit damit, über das nachzudenken, was hier in unserer wöchentlichen Sitzung mit Sandy passiert. Meine ganze Woche dreht sich um diese eine Stunde.«

Steve nickte. »Geht mir genauso.«

»Und ich habe den Eindruck, dass hier eine Geschichte abläuft«, fuhr Charlotte fort. »Ich weiß nicht, ob Sandy sich die für uns ausdenkt oder ob sie eh da ist und Sandy sie nur aus uns rauskitzelt.«

»Und was für eine Geschichte ist das?«, fragte Sandy.

»Es geht dabei um Steve und mich. Dass wir offen miteinander sind. Bereit sind, Risiken einzugehen, uns auf den anderen einzulassen. Und es geht darum, unsere wahren Gefühle herauszufinden. Was ziemlich schwierig ist.«

»Stimmt«, sagte Sandy. »Außerdem geht es darum, wie Sie beide Ihren jeweiligen Alltag verändert haben.«

»Sie meinen, dass Steve jetzt ein guter Vater ist?«

»Zum Beispiel, ja. Aber auch, dass Sie ihm erlauben, ein guter Vater zu sein.«

»Verstehst du, worauf ich hinauswill?«, wandte Charlotte sich wieder an Steve. Ihr Ton war fast flehentlich.

»Ich glaube schon«, antwortete Steve.

»Vor ein paar Monaten war ich doch bei diesem Scheidungsanwalt, weißt du noch?«

»Natürlich weiß ich das noch.«

»Ich war damals komplett am Ende, ich konnte wirklich nicht mehr. ›Soll ich mich von Steve scheiden lassen? Soll ich's einfach hinter mich bringen? Wie er wohl reagiert? Welchen Anwalt nimmt er sich? Was, wenn sein Anwalt besser als meiner ist?‹ Das ging mir damals alles ununterbrochen durch den Kopf. Und jetzt?« Charlotte zuckte mit den Schultern. »Wenn du jetzt ankommen und sagen würdest, du willst dich scheiden lassen, würde ich sagen: ›Alles klar, du musst halt tun, was du für richtig hältst, Hauptsache, es geht dir gut damit.‹ Ich würde nichts dagegen unternehmen. Solange du immer noch hierher zu den Sitzungen kommst, würde ich dich machen lassen.«

»Und was würden Sie tun, wenn Steve sich scheiden lassen will, aber nicht mehr hierherkommt?«, warf Sandy ein.

»Klar, denken wir das Ganze ruhig zu Ende«, antwortete Charlotte. »Was ich dann tun würde? Ob ich dann immer noch herkommen würde, auch wenn wir dann nur zu zweit wären?«

»Es spricht jedenfalls nichts dagegen.«

»Dann ja, ich würde weiter herkommen und mit Ihnen reden.«

»Selbst wenn ich die Scheidung einreiche?«, fragte Steve.

»Ach Steve, was macht das denn für einen Unterschied? Was würde dir das bringen?«

»Dann wären wir eben geschieden, das macht durchaus einen Unterschied.«

Charlotte sah Sandy an. »Ob er es jemals kapiert?«

»Keine Ahnung«, erwiderte Sandy. »Wollen Sie sich denn scheiden lassen, Steve?«

»Natürlich nicht, auf gar keinen Fall. Das habe ich doch schon mehrmals gesagt.«

»Und wenn Sie es täten, was würde sich denn dadurch ändern? Was würde sich an Ihren Gefühlen ändern?«

»Damit wäre eben was zu Ende. Ich meine, nehmen wir mal an, Charlotte stirbt. Damit wäre unsere Beziehung doch beendet, oder etwa nicht? Wenn Charlotte stirbt und ich eine andere Frau heirate, das macht doch auf jeden Fall einen Unterschied zu jetzt.«

»Wissen Sie, ich habe eine Freundin«, sagte Sandy. »Sie ist mit ihrem Mann nach Afrika gezogen, er hat dort für die UNO gearbeitet. Sie hatten einen Autounfall, er ist dabei gestorben. Sie fast. Seitdem träumt sie jede Nacht, dass er wiederkommt. Seit sieben Jahren. Im Traum klingelt er an der Tür, oder sie hört, wie er das Garagentor aufmacht. Sie schreibt die Träume mittlerweile jeden Morgen auf.«

»Wollen Sie darauf hinaus, dass der Mann gestorben ist, aber sich dadurch nichts verändert hat?«

»Für sie zumindest nicht, nein. Ihre Träume sind ihre Therapie. Sie beide dagegen kommen zu mir in die Praxis.«

»Die Sache ist die«, nahm Charlotte den Faden wieder auf. »Unsere gemeinsame Zeit in diesem Raum ist die Realität, das wahre Leben. Was dort draußen vor sich geht – wer weiß.« Charlotte lächelte kurz. »Damit will ich sagen, dass wir uns gegenseitig loslassen mussten. Ich habe dich gehen lassen.«

»Jetzt verstehe ich gar nichts mehr«, sagte Steve. »Bis eben dachte ich noch, ich komme mit. Als Sandy von ihrer Freundin erzählt hat. Aber jetzt nicht mehr.«

»Weißt du noch, wie Sandy uns am Anfang immer gesagt hat, wir müssen einander loslassen? Sie hat uns dieses Paradoxon erklärt, dass wir loslassen müssen, wenn wir jemals wieder zusammenkommen wollen.«

»Das weiß ich noch, ja. Ich habe das nie verstanden.«

»Habe ich damals auch nicht, aber langsam ergibt es einen Sinn für mich.« Charlotte wandte sich an Sandy. »Sie meinten, wir müssten aufhören, einander kontrollieren zu wollen. Ich könnte dafür sorgen, dass Steve nicht mit Gabriella schläft, aber das würde eigentlich nichts bringen, stimmt's?«

»Ganz genau«, sagte Sandy.

»*Er* muss ja entscheiden, was aus ihm und Gabriella werden soll, nicht ich.« Charlotte wandte sich wieder an Steve. »Was aus euch beiden wird, ist ganz allein deine Entscheidung. Wie Sandy auch über die Scheidung meinte: Das ist am Ende nur der Versuch eines Partners, den anderen zu kontrollieren. Dabei funktioniert das sowieso nicht, man kann solche Sachen einfach nicht kontrollieren. Nicht einmal der Tod, der ja auf den ersten Blick ein ziemlich eindeutiges Ende ist, bedeutet immer wirklich ein Ende. Also denk nicht mal drüber nach, mich umzubringen. Das würde dir nichts nützen, ich würde dann nämlich einfach als Geist in deiner Wohnung rumspuken.

Sandy meint damit, dass es egal ist, was für eine Beziehung du und Gabriella habt, solange ich dir noch etwas bedeute. Bedeute ich dir noch etwas?«

»Ja«, sagte Steve. »Ist doch ganz klar, sonst würde ich nicht jede Woche herkommen.«

»Und dass du im Moment mit Gabriella ausgehst, hat keinerlei Einfluss auf mich. Es hat keinen Einfluss auf meine Entscheidung. Es ist mir egal. Ich will mich nicht mehr kontrollieren lassen. Ich erlaube dieser Tatsache nicht mehr, mich zu kontrollieren.«

»Und, wie war nun das Wochenende mit Gabriella?«, fragte Sandy.

»Falls Sie darauf hinauswollen, ob wir miteinander geschlafen haben«, erwiderte Steve, »nein. Haben wir nicht.«

25

Im Laufe der Zeit hatte Sandy so etwas wie liebevolle Zuneigung zu Charlotte und Steve entwickelt. Sie war sich sicher, dass beide im Grunde anständige Menschen waren, die anderen nicht absichtlich weh taten. Für den Moment hatten sie sich selbst aus den Augen verloren, aber das gehörte nun mal zum Leben dazu.

Sie waren heute gemeinsam gekommen. Steve hatte Charlotte die Tür aufgehalten.

»Schön, Sie zu sehen«, begrüßte Sandy die beiden. »Gibt es für diese Woche etwas Praktisches zu besprechen, bevor wir da weitermachen, wo wir letztes Mal aufgehört haben?«

»Ich hab was anzusprechen«, sagte Steve. »Ich hab doch meine Arbeit auf eine Dreiviertelstelle reduziert, aber ich bin immer noch vollwertiger Partner. Und jetzt bin ich dabei, meine ursprüngliche finanzielle Investition zurückzuverdienen, und werde auch schon prozentual an den Einnahmen beteiligt. Neulich gab's die erste Ausschüttung.«

Steve öffnete eine schmale braune Aktenmappe mit glänzenden Messingverschlüssen und holte einen großen Umschlag heraus. »Hier, die Hälfte davon gehört ja dir.« Er reichte Charlotte den Umschlag.

Sie warf einen Blick hinein und gab ihn Steve zurück. »Das ist aber eine ganze Menge Geld!«

»So viel nun auch wieder nicht.«

»Ich habe immer noch das Geld vom Hausverkauf, ich habe das damals in einem Geldmarktfonds angelegt und gehe nicht dran. Ich habe bis jetzt höchstens zwanzigtausend ausgegeben, und ich habe im Moment auch nicht den Kopf frei für mehr Geld. Das wird mir gerade alles zu viel.«

»Früher oder später müssen Sie sich aber um das Finanzielle kümmern«, wandte Sandy ein.

»Ich weiß. Aber bis dahin kann Steve das doch erst mal für mich anlegen.«

»Das würde ich nur ungern«, sagte Steve. »Es fühlt sich irgendwie komisch an.«

Charlotte sah ihn fragend an.

»Sandy meinte mal, dass ich Geld benutze, um Macht über andere auszuüben. Und wir sollen einander doch loslassen.«

»Willst du mich etwa loslassen?«, fragte Charlotte.

»Natürlich nicht, das weißt du.«

»Dann mach's nicht. Pass solange für mich auf das Geld auf. Du kannst gut mit Geld umgehen, das war schon immer so. Ich weiß, dass ich dich manchmal deshalb kritisiert habe, aber eigentlich weiß ich das sehr an dir zu schätzen. Ich habe nur im Moment keine Lust, selbst zu lernen, wie man mit Geld umgeht. Was nicht heißt, dass ich keins will, ich will ja auch nicht am Hungertuch nagen wie ein Student oder so. Ich mag ja schon schöne Dinge.«

Und das sieht man dir auch an, dachte Sandy, wenn auch nicht auf den ersten Blick. Charlotte sah heute wieder einmal besonders hübsch aus, ohne teuer gekleidet oder overdressed zu wirken. Sie trug alte schwarze, etwas klobige Lederstiefel, dazu einen schlichten schwarzen Rock und eine weiße Bluse. Keinen Schmuck, nicht einmal eine Armbanduhr. Das einzig Schicke war die braune Lederhandtasche von Bottega Veneta, die Steve ihr geschenkt hatte. Charlotte wirkte einfach, pur, ungeschminkt. Sandy bemerkte die Diamantohrringe, recht große, wunderschöne Edelsteine, die von Charlottes blonden Haaren fast verdeckt wurden. Also trug sie doch Schmuck, man musste ihn nur erst suchen.

»Ich weiß immerhin, wie man ein Haushaltsbuch führt«, sagte Charlotte und musste lachen. Steve lachte auch.

In diesem Moment wirkten sie absolut wie ein Paar, dachte Sandy. So vertraut und zusammen, wie ein Paar nur wirken kann. Wenn man von den kaputten Uhrwerken in ihren Herzen einmal absah.

Aber Sandy war nicht der sentimentale Typ. Sie war hier, um die Uhrwerke zu reparieren. »Sie könnten doch einen Kurs in Geldanlagen besuchen«, sagte sie zu Charlotte.

»Darauf habe ich aber absolut keine Lust. Das ist wirklich das Letzte, was ich jetzt machen möchte. Im Ernst, Sandy, Sie kennen mich doch mittlerweile wirklich gut genug. Was ist das denn für ein Vorschlag?«

»Was wäre denn so falsch daran?«, fragte Sandy. Ihre Mutter hatte sie gezwungen, im ersten Semester am College eine Veranstaltung über Buchhaltung zu besuchen. Wenn sie es nicht getan hätte, wäre der Geldhahn für den Rest ihres Studiums zugeblieben.

»Ich sehe einfach nicht ein, warum ich das machen sollte«, sagte Charlotte. »Ich bin immer noch mit Steve verheiratet, also will ich auch was davon haben. Ich wohne schließlich schon allein und bekomme mein Leben auch allein auf die Reihe. Wieso kann ich mir denn nicht auch bei was helfen lassen? Bei Steve weiß ich das Geld nun mal in guten Händen.«

»Wieso bist du dir da eigentlich so sicher?«, fragte Steve.

»Ach, ich kenn dich doch. Du könntest doch nachts nicht ruhig schlafen, wenn das Geld nicht gut angelegt wäre.«

»Stimmt.«

»Weißt du, du hast schon ein paar bemerkenswerte Fähigkeiten. In manchen Sachen ergänzen wir uns wirklich perfekt. Und trotzdem habe ich dich einfach in dein Unglück rennen lassen, dein Leben kaputtmachen lassen. Es tut mir leid, dass ich dich nicht aufgehalten habe.«

»Ich glaube nicht, dass mich damals irgendwer hätte aufhalten können.«

»Stimmt auch wieder. Auf jeden Fall haben wir beide Fehler gemacht.«

Sandy fiel auf, wie nachgiebig Charlotte heute war. Anscheinend wirkte die letzte Sitzung noch nach.

»Mein Mann und ich haben eine Finanzberaterin, die sich um unser Geld kümmert. Ich kann Ihnen gern mal ihre Nummer geben«, bot Sandy an.

»Wie heißt sie denn?«, fragte Steve.

»Donna Logan, sie arbeitet bei Bostick Davis.«

»Der Name sagt mir nichts, aber die Firma kenne ich.«

»Sandy, was ist denn das Problem?«, fragte Charlotte gereizt. »Ich habe Steve gebeten, sich für mich um das Geld zu kümmern. Wieso wollen Sie das auf Biegen und Brechen verhindern? Wir werden so oder so immer Kontakt haben.«

»Wie Steve schon sagte – das Problem mit Geld ist, dass es oft als Machtinstrument missbraucht wird«, erwiderte Sandy.

»Aber in einer unserer ersten Sitzungen meinte ich doch, dass ich Geld für meinen Umzug und neue Möbel brauche, und da hat Steve mir den kompletten Verkaufserlös von unserem Haus in Ross gegeben. Einfach so. Haben Sie das vergessen?«

Nein, aber das hat er nur getan, weil ich ihn dazu gebracht habe, dachte Sandy. Und weil ihm klar war, dass du sonst sofort die Scheidung eingereicht hättest. Ziemlich clever von Steve, das muss man ihm lassen. »Ja, das weiß ich noch«, sagte sie.

»Haben Sie so was schon mal bei anderen Paaren erlebt?«

»Es war recht ungewöhnlich, das gebe ich zu.«

Vielleicht hatte Charlotte auch einfach recht, dachte Sandy. Für diese beiden spielte Geld eben keine Rolle, im Gegensatz zu ihr. Vielleicht verstellte das momentan ihren Blick auf die Situation.

»Vielleicht haben Sie recht«, sagte Sandy. »Wenn man mal zurückdenkt, war Geld eigentlich nie Thema in unseren Sitzungen. Es hat nie ein Problem dargestellt.« Weil ihr beide genug davon habt. Würde euch vielleicht mal ganz guttun, zu erfahren, wie es ist, wenn man kein Geld hat. Wie damals bei meiner Mutter, als sie fast bankrott war.

»Vielleicht war Geld nie ein Streitthema bei uns, weil wir immer genug hatten«, stimmte Charlotte zu. »Aber das lag eben an Steve.«

Ach nein, wir sind ja richtig auf einer Wellenlänge, dachte Sandy. Dann gehen wir der Sache doch mal nach. »Das hat auf jeden Fall etwas damit zu tun, das denke ich auch«, sagte sie. »Aber wissen Sie, was ich da noch raushöre? Dass Sie Steve vertrauen. Stimmt das?«

»Gute Frage. Wäre es wirklich möglich, dass ich nach neun Monaten Paartherapie angefangen habe, Steve wieder zu vertrauen? Da muss ich mal kurz in mich gehen.« Charlotte sah Steve an. »Belügst du mich gerade wegen irgendetwas?«

»Nein«, antwortete Steve. »Das mach ich nicht mehr.«

»Früher schon. Du hast mich oft belogen«, sagte Charlotte traurig.

»Und es tut mir wahnsinnig leid«, erwiderte Steve.

»Das stimmt wahrscheinlich sogar«, sagte Charlotte. »Ich glaube tatsächlich, dass es dir leidtut.«

»Tut es auch.«

Charlotte wandte sich wieder an Sandy. »Steve hat seine Köchin, wir leben getrennt, und trotzdem kommen wir jede Woche treu und brav zu Ihnen.«

»Die italienische Köchin, mit der ich übrigens nicht schlafe«, fügte Steve hinzu.

»Ach ja, das wollte ich dich eh noch fragen. Sandy hat mir da eben eine wirklich gute Frage gestellt. Vertraue ich dir, Steve? Ich finde auf jeden Fall, dass du dich hier mit Sandys Hilfe ganz gut machst. Also ja, insgesamt vertraue ich dir wieder. Wow.

Aber wie läuft es denn nun eigentlich mit Gabriella? Ich weiß, letztens sagte ich, ich will nichts davon hören und dass für mich nur das zählt, was hier bei Sandy passiert. Aber jetzt interessiert es mich doch. Gefühle ändern sich eben. Also, wie läuft es mit ihr?«

Steve zögerte einen Moment. »Ich verbringe gern Zeit mit Gabby. Willst du irgendwas Bestimmtes wissen? Das wäre einfacher zu beantworten.«

»Warum hast du zum Beispiel nicht mit ihr geschlafen? Wer fährt denn mit einer hübschen Italienerin nach Mendocino und geht dann nicht mit ihr ins Bett?«

»Na ja, rumgemacht haben wir schon.«

Sandy und Charlotte lachten gleichzeitig laut los.

»Was hält Gabriella eigentlich von der ganzen Sache?«, fragte Charlotte schließlich. »Dass du einerseits mit ihr schläfst und andererseits mit deiner Frau zur Paartherapie gehst?«

»Ich habe nicht mit ihr geschlafen«, wiederholte Steve.

»Ich weiß. Wahrscheinlich will sie das nicht, solange wir beide noch nicht endgültig getrennt sind. Also solange du noch jede Woche herkommst.«

»Es hat unter anderem damit zu tun, ja.«

Natürlich hast du genau mitbekommen, dass Steve keinen Sex mit Gabriella hatte, Charlotte, dachte Sandy. Und jetzt führst du Steve zu einer bestimmten Sache hin. Merkst du, wo es langgeht, Steve?

»Ach, Steve«, sagte Charlotte. »Das ist alles schon ganz schön kompliziert, nicht?«

»Sie meint, ich soll mich von dir scheiden lassen«, brach es plötzlich aus Steve heraus. »Sie ist so ein Entweder-oder-Mensch. Sie mag keine Unklarheiten.«

Steve hatte eben zum ersten Mal Gabriella mit in den Raum gebracht. Nicht die dunkelhaarige Schönheit aus dem Internet, sondern die Gabriella, die er tatsächlich kannte. Das war ein Fortschritt, und den hatten sie Charlotte zu verdanken.

»Das wolltest du doch hören, oder?«, fragte Steve.

»Ja, mich interessiert, was sie über uns beide denkt.«

»Wieso fragst du dann nicht einfach danach?« Steve klang ärgerlich.

»Habe ich doch«, erwiderte Charlotte. »Und ich bin ganz schön stolz darauf, dass ich das geschafft habe. Es ist nur nicht bei dir angekommen. Ich mache hier gerade wirklich Fortschritte. Warum kommt bloß nicht bei dir an, was ich sage?« Charlotte überlegte kurz. Plötzlich lächelte sie. »Ich weiß, warum. Ich hab's versaut, weil ich so getan habe, als wüsste ich ganz genau, dass ihr Sex hattet, obwohl du ja gesagt hast, dass es nicht so ist. Ach, Steve, das tut mir ehrlich leid. Ich mache die Dinge manchmal so unnötig kompliziert, und dann blicke ich selbst nicht mehr durch. Ich dachte, dass du vielleicht lügst, weißt du? Aber ich arbeite daran.«

»Ist schon okay«, sagte Steve.

»Ist es nicht«, widersprach Charlotte.

Eine lange Pause trat ein. Schließlich fragte Sandy: »Was halten Sie denn davon, dass Gabriella meint, Sie beide sollten sich scheiden lassen?«

»Na ja, das hat mich schon getroffen«, antwortete Charlotte. »Aber andererseits – was habe ich denn erwartet? Man teilt eben nicht gern, was man liebt. Noch viel interessanter fand ich aber, dass Steve gesagt hat, sie mag keine Unklarheiten.« Sie sah Steve an. »Und du bist trotzdem gern mit ihr zusammen?«

Tolle Frage, dachte Sandy. Unklarheiten sind ja genau der Kern eurer Probleme.

»Es ist eine nette Abwechslung«, sagte Steve.

Das glaube ich gern, dachte Sandy. Aber auf die Dauer muss das doch einengen.

»Das glaube ich gern«, sagte Charlotte. »Das ist wirklich mal was anderes als das, was du gewohnt bist.«

Eine Wellenlänge, dachte Sandy.

Steve wollte etwas sagen, entschied sich dann jedoch dagegen. Sandy überlegte, was es wohl gewesen wäre, hatte aber keine wirkliche Vorstellung, wie es im Moment in seinem Kopf aussah. Auf einer Wellenlänge mit Charlotte, aber nicht mit Steve, dachte sie.

»Magst du Gabriella sehr?«, fragte Charlotte.

»Ja.«

Aber nicht genug, dachte Sandy.

»Das macht mir Angst«, sagte Charlotte. »Ganz im Ernst. Ich dachte, du liebst mich immer noch wahnsinnig.«

»Ich liebe dich auch immer noch wahnsinnig«,

bestätigte Steve. »Ich habe nur gelernt, mit einer ganzen Menge Unklarheit zu leben.«

Sandy bemerkte, dass Charlotte Tränen die Wangen hinunterliefen, und reichte ihr die Taschentuchbox.

26

Danke, dass Sie Zeit für eine Einzelstunde hatten«, sagte Charlotte.

Sie sah von Woche zu Woche besser aus, fand Sandy. Sie wirkte nicht mehr so angespannt, als würde sie jeden Moment mit einem Angriff rechnen. Es war ihr gelungen, sich ein eigenes Leben aufzubauen, und sie und Steve hatten eine Beziehung, die zwar kompliziert war, der beide jedoch vertrauten. Vielleicht schlief er demnächst mit der etwas schwierigen und, wie Sandy fand, hinterhältigen Gabriella, aber Charlotte wusste davon. Jetzt, wo sie getrennt sind und andere Partner kennengelernt haben, sind sie einander eigentlich näher als während ihrer Ehe, dachte sie.

»Wie ist das noch mal bei Einzelsitzungen«, begann Charlotte. »Muss Steve wirklich alles erfahren, was ich hier sage?«

»Das weiß ich nicht«, entgegnete Sandy. »Wieso erzählen Sie ihm nicht selbst, was Sie mir erzählen wollen? Ich bin immer eher dafür, dass Sie einander die Dinge sagen, als dass ich das übernehme.« Sie warf einen Blick auf den grünen Sessel. Die Ehe sitzt mit uns im Raum, und das fühlst du, dachte sie.

Charlotte überlegte und schwieg.

»Also, worüber wollten Sie mit mir sprechen?«, stupste Sandy sie sanft an.

»Na gut, wahrscheinlich könnte ich Steve von dieser Sache erzählen, wenn es sein müsste«, sagte Charlotte. »Ich überlege die ganze Zeit, wie ich Ihnen das erklären soll, aber am einfachsten ist wohl, wenn ich es Ihnen zeige.« Sie zog ihre Handtasche zu sich heran, holte eine Karte heraus und reichte sie Sandy. Es war eine Valentinskarte. Auf der Vorderseite stand in geschwungener Schrift: *Liebe, das höchste Glück*. Innen stand: »Ich bin so froh, dass es Dich gibt.« Die Karte war von Bill.

Charlotte griff erneut in ihre schokoladenbraune Zaubertasche und holte noch etwas heraus. Es war eine kleine schlichte, schmale Vase, sie wirkte skandinavisch, vielleicht eine originale Georg Jensen. Sandy war sich nicht sicher. Sie hatte auf jeden Fall viel Geld gekostet, das war klar.

»Und noch was«, sagte Charlotte. Sie reichte Sandy eine kleine Aquarellskizze, knapp zehn Zentimeter hoch und breit. Sie zeigte eine Landschaft, einen Strand, das Meer und weit draußen ein Segelboot, dessen Segel in Herzform war. Unten in der Ecke stand: »Von einem heimlichen Verehrer«.

»Ich kann mir schon vorstellen, was von wem ist«, sagte Sandy. »Aber helfen Sie mir trotzdem ein wenig.«

»Letzte Woche war ja Valentinstag«, begann Charlotte. »Die Karte ist von Bill. Die Vase und das Bild sind von Steve.«

»Ihrem heimlichen Verehrer, aha. Ich nehme an, in der Vase war eine Rose?«

»Das wäre viel zu plump für Steve. Nein, es war eine einzelne gelbe Freesie.«

»Die Vase ist wirklich hübsch.«

»Finde ich auch. Die Handtasche hier mag ich ja auch. Steve ist wirklich gut im Schenken, er denkt sich wirklich was dabei.«

»Und die Karte?«

»Ist der Unterschied nicht offensichtlich?«

»Ich würde gern *Ihre* Meinung dazu hören.«

»Was soll man da sagen, die Karte ist einfach kitschig«, sagte Charlotte. »Aber ich kann doch nicht jemanden danach beurteilen, was er mir zum Valentinstag schenkt, oder? Das wäre ja verrückt.«

»Nicht unbedingt.«

»Es ist ja auch gar nicht wichtig, es ist ja nur eine Karte. Aber Bill ist dafür absolut verlässlich. Auf ihn kann man immer bauen.«

Er hat aber keinen Geschmack, dachte Sandy. Wobei Charlotte ihm den mit der Zeit vielleicht auch noch beibringen könnte.

»Aber wir werden eh nie ein Paar«, fuhr Charlotte fort. »Das weiß ich ganz genau, selbst wenn er nicht verheiratet wäre. Das ist mir mittlerweile klargeworden.« Sie beugte sich vor und sah Sandy direkt in die Augen. »Aber das heißt auch nicht, dass er mir egal ist. Das ist er nämlich nicht. Er hat mir damals unglaublich geholfen.«

»Moment mal kurz. Bevor Sie mir heute diese Karte gezeigt haben, hatte ich ein ganz anderes Bild von Bill. Er ist Englischdozent, er schreibt Ihnen Briefe mit dem Füller und so weiter. Ich dachte, er wäre ein niveauvoller, gebildeter Mann.«

»Dafür, dass er aus einfachen, ländlichen Verhältnissen kommt, ist er auch sehr gebildet. Er hat sich alles selbst beigebracht, er hat sich selbst zu dem Mann gemacht, der er heute ist. Und das war wirklich nicht leicht.«

»Ich bin, ehrlich gesagt, gerade ein bisschen verwirrt.«

»Ich auch«, sagte Charlotte.

»Ich glaube, Sie sehen Bill mittlerweile einfach anders.«

»Auf jeden Fall. Aus uns könnte nie was werden.«

»Aber das wussten Sie doch schon vorher. Sie wussten, dass er verheiratet und auch schon einmal geschieden war. Ich dachte, das ist gerade das Gute an ihm, dass Sie bei ihm nicht darüber nachdenken mussten, was aus Ihnen beiden wird. Sie konnten einfach eine Affäre mit ihm haben.«

Worüber reden wir hier eigentlich gerade, dachte Sandy. Irgendetwas stimmt nicht. Charlotte verstand es leider perfekt, vom eigentlichen Punkt abzulenken, der sie beschäftigte. Das war Sandys größtes Problem mit ihr. Daran musste Charlotte noch arbeiten. Nun gut. Sie hatte den Weg »Bill« eingeschlagen. Also würde Sandy zurück zur letzten Kreuzung gehen und einen anderen einschlagen.

»Was ging Ihnen durch den Kopf, als Sie das Geschenk von dem ›heimlichen Verehrer‹ bekommen haben?«

»Ach so, Sie meinen, was es mit dem Segelboot auf sich hat? Am Anfang unserer Beziehung haben Steve und ich oft davon geredet, dass wir uns ein Segelboot mieten und damit in den Sonnenuntergang segeln würden. Wir hatten ein großes romantisches Abenteuer vor. Einmal quer über den Pazifik. Steve ist ein erfahrener Segler, aber dann kam die Arbeit dazwischen, wir haben Kinder bekommen, und die Sache war auf Eis gelegt. Deshalb hat er dieses Bild gemalt. Es soll mir etwas sagen.«

»Nämlich?«

»Dass wir immer noch eine gemeinsame Segeltour machen könnten.«

»Wollen Sie das denn?«

»Ich weiß es nicht«, sagte Charlotte. »Ich sage es nur ungern, aber ein Teil von mir möchte das schon. Der unvernünftige Teil.«

»Warum wäre das denn unvernünftig?«

»Weil es so romantisch ist. Und ich habe genug von romantischer Liebe.« Charlotte sah zu dem grünen Sessel hinüber. »Sie meinten mal, eine Ehe baut man gemeinsam nach und nach auf, wie eine Mauer aus einzelnen Steinen. Aber romantische Liebe ist wie eine Droge, die nimmt man und ist sofort drauf, alles ist perfekt. Das Problem ist nur, dass die Wirkung irgendwann nachlässt.«

»Es war ein Geschenk zum Valentinstag, Charlotte«, erinnerte Sandy sie.

»Ja, und da kommt Steve mit diesem romantischen Quatsch an. Denkt er etwa, damit kriegt er mich, oder was?«

»Es war Valentinstag«, wiederholte Sandy. »Hätten Sie lieber einen Akkuschrauber bekommen?«

»Aber dieses Segelboot …«

Sandy seufzte. »Kann ich das Bild noch mal sehen?«

Charlotte reichte es ihr.

»Steve kann ganz schön gut Aquarelle malen. Ich habe mal einen Kurs belegt und bin lange nicht so gut.«

»Er ist wirklich gut. Seine Mutter ist Malerin. Na ja, sie malt zumindest.«

»Wenn ich mir das Bild so ansehe … das Segelboot ist ja weiter hinten. Vorne haben wir den Strand, das Meer, Wolken. Das Boot scheint sich von uns wegzubewegen. Es verschwindet, es löst sich im Blau des Wassers auf. Das deutet meiner Meinung nach darauf hin, dass Steve Ihnen damit viel mehr sagen will. Er ist sich dessen bewusst, dass es romantische Liebe gibt, aber er weiß auch, dass sie früher oder später verschwindet. Das heißt aber nicht, dass Sie zwei nicht trotzdem einen schönen Urlaub mit den Kindern in Hawaii oder Santa Monica verbringen können.«

»Machen Sie sich gerade über mich lustig?«, fragte Charlotte.

»Sie müssen die Kinder auch nicht mitnehmen!« Sandy lachte. »Ja, ich mache mich ein bisschen über Sie lustig. Was mich zu der Frage bringt: Haben Sie schon über das gemeinsame Wochenende nachgedacht, das Steve vorgeschlagen hat?«

Genau darum geht es nämlich in diesem Bild, dachte Sandy, und genau deshalb willst du auch mit mir reden, Charlotte.

»Letzte Woche ist etwas Seltsames passiert«, sagte Charlotte. »Ich hatte Ihnen doch von diesem dämlichen Kunstprofessor erzählt, mit dem ich vor ein paar Monaten mal etwas hatte. Den ich dann nicht wieder losgeworden bin. Er wollte vorbeikommen, und ich habe ja gesagt. Und mit ihm geschlafen.«

»Und?«

»Na, wieso habe ich das denn gemacht? Der bedeutet mir doch überhaupt nichts. Und ich schlafe normalerweise auch nicht mit jedem, auch wenn es vielleicht gerade anders wirkt.«

»Glaube ich Ihnen. Also warum haben Sie es diesmal gemacht?«

»Das klingt jetzt vielleicht völlig verrückt, aber ich glaube, es hat mit Steve zu tun«, sagte Charlotte.

Das Leben ist ein Puzzle, dachte Sandy. Valentinstag, das Bild, die Vase, der One-Night-Stand, das sind die Teile. Aber wie passen sie zusammen? Sie würde Charlotte nicht drängen, das herauszufinden. Es genügte fürs Erste, dass sie wenigstens erkannt hatte, dass alles mit Steve und dem Wochenende zu tun hatte. Wobei – ›wenigstens‹? Das war eigentlich schon ein ganz schöner Fortschritt.

»Falls Steve und ich wirklich zusammen übers Wochenende wegfahren, werde ich auf keinen Fall mit ihm schlafen«, sagte Charlotte.

»Und mit einem anderen Mann sind Sie einfach so ins Bett gegangen.«

»Es war nicht einfach so«, sagte Charlotte pikiert.

»Wie denn dann?«, fragte Sandy.

»Weiß ich nicht. Er war für mich da, als mir aufging, dass ich Bill nicht liebe. Er hat mir geholfen, als es mir schlechtging. Vielleicht habe ich es getan, gerade weil er mir egal ist.«

Sicher nicht, dachte Sandy. Sonst hättest du mir nicht von ihm erzählt. »Keiner der Männer ist Ihnen wirklich egal«, sagte sie. »Es hat immer alles seinen Grund. Sie haben mit dem Kunstprofessor geschlafen, der Ihnen nichts bedeutet, weil *Steve* Ihnen etwas bedeutet. Ich weiß nicht genau, warum gerade er es sein musste, warum gerade jetzt und was es genau mit Steve zu tun hat, aber es gibt auf jeden Fall einen Zusammenhang. Vielleicht sind Sie böse auf Steve? Haben Sie Angst vor ihm? Oder wollten Sie ihm weh tun? Vielleicht war es auch etwas ganz anderes. Aber es hatte auf jeden Fall mit ihm zu tun, das können Sie mir glauben.«

Charlotte kamen die Tränen. Sie nahm sich ein Taschentuch, ohne dass Sandy ihr die Box hinhalten musste. »Sie haben ja recht. Es hatte mit Steve zu tun. Und ich will nicht, dass er von der Sache erfährt.«

»Wieso machen Sie sich nur immer alles so schwer?«, seufzte Sandy.

Charlotte klang so resigniert, alles war ihr zu viel.

»Sagen Sie es ihm einfach. Vielleicht nicht morgen, aber Sie werden schon merken, wann der richtige Moment da ist.«

»Mache ich.«

»Gut«, sagte Sandy. Plötzlich verstand sie. Natürlich. »Ich weiß, warum Sie mit dem Professor geschlafen haben!«

»Ich auch«, erwiderte Charlotte. »Ist mir eben gerade aufgegangen. Ich habe mich damit von ihm verabschiedet. Ich habe mich von ihm verabschiedet, weil ich das gemeinsame Wochenende mit Steve haben will. Ich habe mit der ganzen Geschichte abgeschlossen.«

»Es war Zeit.«

»Aber das bedeutet nicht, dass ich auf jeden Fall wieder mit Steve zusammenkomme!« Charlotte klang plötzlich wütend. Dann war die Welle der Wut wieder abgeebbt.

»Natürlich nicht«, sagte Sandy. »Übrigens, haben Sie eine Idee, was Gabriella von Steve zum Valentinstag bekommen hat?«

»Bitte was? Sie sind wieder mal richtig gemein heute. Wieso sollte ich mir über so was Gedanken machen?«

»Brauchen Sie nicht, stimmt«, erwiderte Sandy. »Weil Sie genau wissen, dass er sich mit Gabriellas Geschenk auf keinen Fall auch nur halb so viel Mühe gegeben hat wie mit Ihrem.«

27

Sandy betrachtete Charlottes Bottega-Veneta-Handtasche, das Geschenk von Steve. Sie hatte einen wunderschönen dunklen Braunton und war recht groß, etwa wie eine Aktentasche. Normalerweise stellte Charlotte sie einfach ab und kümmerte sich nicht weiter darum, aber heute hatte sie sie direkt neben ihren Sessel gestellt, als müsste sie besonders gut darauf aufpassen.

Sandy sah Steve an. Der schaute aus dem Fenster. Draußen war der Wipfel des Pfefferbaums zu sehen, in dem Finken herumhüpften.

Warum hast du die Tasche heute so nah bei dir, Charlotte?, überlegte Sandy. Hast du da etwas Besonderes drin?

Plötzlich zitterte die Tasche. Etwas Lebendiges war darin, etwas bewegte sich, vielleicht eine Schlange, eine Kobra.

Charlotte hatte es auch bemerkt. »Mein Handy ist auf Vibration eingestellt«, erklärte sie. Sie nahm die Tasche auf den Schoß, öffnete sie, sah hinein, holte ihr Handy heraus, las kurz die Nachricht, schaltete es aus, tat es zurück in die Tasche, schloss sie und stellte sie wieder dicht neben ihren Füßen auf den Boden.

»Entschuldigung, ich dachte, ich hätte es ausgemacht.«

Was du bis jetzt noch kein einziges Mal vergessen hast, dachte Sandy. Wieso ausgerechnet heute nicht? Wer zu ihr in die Eheberatung kam, nahm die Stunden ernst. Niemand vergaß einfach so, sein Handy auszuschalten. Wenn es an war, dann war es gewollt.

Und dann wusste Sandy plötzlich Bescheid. Woher? Schwer zu sagen. Sie kannte diese ungewöhnliche Frau eben schon eine Weile, diese talentierte, intelligente ... egal, warum, sie wusste es jedenfalls.

»Lassen Sie mich raten«, sagte sie. »Haben Sie zufällig einen Brief von Bill in Ihrer Handtasche?«

Charlotte sah aus, als hätte sie soeben eine Ohrfeige bekommen. Sie wurde rot und sah Sandy scharf an.

»Es ist ja wohl meine Sache, was in meiner Tasche ist«, sagte sie kühl. »Und was ich hier erzählen will oder nicht, entscheide immer noch ich.«

»Natürlich«, erwiderte Sandy. »Dann reden wir doch mal über Ihre Entscheidung. Warum wollen Sie nicht zeigen, was Sie in der Tasche haben?«

»Ich habe nicht gesagt, dass ich etwas habe, das ich nicht zeigen will.«

»Dann tun wir einfach so. Wenn Sie also einen Brief hätten, den Sie nicht zeigen wollen, warum nicht?«

Die beiden Frauen sahen einander an. Charlotte hat gewusst, dass das passieren würde, dachte Sandy. Wenn sie ein bisschen Zeit braucht, um mit der Sprache herauszurücken, soll sie die haben.

»Steve und ich leben getrennt. Jeder hat sein Leben. Es ist mir sehr wichtig, mein Privatleben für mich zu behalten«, sagte Charlotte.

Ach komm, dachte Sandy. Nicht schon wieder die alte Leier.

»Wieso haben Sie den Brief dann heute mitgebracht?«

Charlotte schüttelte den Kopf und hob abwehrend die Hände. »Ich habe meinen Schreibblock, meine Unterlagen für die Vorlesung, mein Telefon und mein Portemonnaie dabei. Ich habe nur mitgebracht, was ich nachher für die Arbeit brauche.«

»Und Bills Brief brauchen Sie für die Arbeit?«

»Na gut«, sagte Charlotte zögerlich. »Ich habe wirklich einen Brief von ihm hier. Aber ich habe ihn noch nicht mal aufgemacht.«

»Wieso nicht?«

»Ich hatte noch keine Zeit dazu.«

»Im Ernst jetzt? Sie hatten noch keine Zeit?«
Sandy hob fragend die Brauen. Sie sah zu Steve.
Der sah starr zu Charlotte.

Ganz ruhig, mahnte sie sich. Das ist schon ein
Riesenschritt in die richtige Richtung für Charlotte. Sie hat Bill immerhin mit hierhergebracht, in
die Diskussion eingebracht. Er könnte gut in dem
grünen Sessel sitzen. Charlotte war nur offensichtlich noch nicht bereit, ihn ganz hierzuhaben. Im
Moment war er noch so etwas wie ein Geist. Aber …

»Warum haben Sie den Brief denn noch nicht
aufgemacht?«, fragte Sandy noch einmal.

Charlotte schüttelte wieder den Kopf. Ihre Me-
chanismen funktionierten nicht. Alles, womit sie
sonst versuchte abzulenken – es funktionierte nicht
mehr. Sie war kurz davor, die Ablenkungsmanöver
ganz zu lassen. Sie kamen der Sache immer näher.

»Hätte ich natürlich machen können«, sagte
Charlotte. »Also warum habe ich's nicht? Gute
Frage.«

Sandy ließ das vorerst so stehen. Sollten sie doch
alle mal darüber nachdenken – Steve, Charlotte, sie
selbst und Bill im grünen Sessel. Geht's dir gut in
deinem Sessel?, fragte sie ihn in Gedanken. Den du
dir mit Steves und Charlottes Ehe teilst? Anscheinend schon. Bill saß schließlich schon eine ganze
Weile dort.

»Ich weiß, dass Ihre Trennung sehr schwer für Sie beide war«, begann Sandy. »Und ich finde, Sie haben es sehr gut geschafft, sich ein Stück weit voneinander zu lösen. Das war auch nicht gerade einfach. Aber jetzt, wo Sie das geschafft haben und langsam dabei sind, sich einander wieder anzunähern, sollten Sie auch versuchen, einander wieder mehr an sich heranzulassen.«

»Gewisse Grenzen muss es aber schon noch geben«, wandte Charlotte ein. »Ich habe schließlich hart dafür gekämpft, endlich unabhängiger zu sein.«

Diesmal schüttelte Sandy den Kopf. »Können wir diese ganzen ›Nicht betreten‹-Schilder nicht endlich mal wegschaffen? Seien Sie doch mal offen, Charlotte. Wieso darf niemand wissen, was in Bills Brief steht?«

»Ich habe ihn ja noch nicht mal selbst gelesen!«

»Weil Sie nicht wollten.«

»Der Grund ist doch egal.«

»Der Grund ist überhaupt nicht egal. Früher wollten Sie nämlich immer eine Vorauswahl treffen, was Steve wissen darf und was nicht. Und mittlerweile sind Sie sich da nicht mehr so sicher.«

Sandy bemerkte, dass Steve geradezu an Charlottes Lippen hing. »Tun Sie mir doch einfach den Gefallen, und versuchen Sie, mir die Frage zu beantworten«, bat sie. »Warum wollen Sie nicht, dass Steve oder ich erfahre, was in dem Brief steht?«

»Also, zuallererst ist das ja auch eine Sache der Privatsphäre«, erwiderte Charlotte. »Ich habe den Brief ja nicht geschrieben, sondern Bill.«

»Ach, es geht also nur um Bills Gefühle dabei? Nehmen wir mal kurz an, er wäre hier bei uns. Nehmen wir an, er sitzt da drüben in dem grünen Sessel.«

»Ich dachte, da sitzt die Ehe«, sagte Charlotte.

»Sagen wir für den Moment, dass Bill da sitzt. Vielleicht sitzt er gemeinsam mit der Ehe da.«

Steve und Charlotte sahen gleichzeitig zu dem Sessel. Sandy musste lächeln.

»Darf ich kurz was sagen?«, fragte Steve.

»Du musst nicht um Erlaubnis bitten«, sagte Charlotte, ganz die Dozentin.

Manchmal muss er das sehr wohl, dachte Sandy. Steve fragte schließlich nicht ohne Grund.

»Ich glaube, Bill sitzt schon eine ganze Weile mitten in unserer Ehe«, sagte Steve.

Er hatte um Redeerlaubnis gebeten, weil er seinem Ärger Luft machen wollte. Er sagte eigentlich: ›Dieses Arschloch hat mir verdammt weh getan.‹

Seine Worte sorgten sofort für eine entsprechende Reaktion bei Charlotte. »Du kennst doch

Bill überhaupt nicht! Und mich übrigens auch nicht so gut, wie du dir einbildest.«

Kommando zurück!, dachte Sandy. Der Zug hatte schön Strecke gemacht, aber an der letzten Weiche hatten Charlotte und Steve den Kurs geändert und ihn einen neuen Abzweig nehmen lassen. Er könnte von Vorteil sein, sich als Abkürzung herausstellen. Aber vielleicht landete der Zug so auch auf einem Abstellgleis. Sandy schob ihn sicherheitshalber zurück auf bekanntes Terrain.

»Was würde Bill denn davon halten, wenn Sie Steve seinen Brief zeigen?«, fragte sie. Mit dieser konkreten Frage lenkte sie die beiden von dem Schmerz ab, den Steve eben zur Sprache gebracht hatte. Dem mussten sie sich früher oder später noch stellen, aber das hatte Zeit.

»Er würde das natürlich nicht gutheißen«, antwortete Charlotte. »Es geht ja um sehr Persönliches darin, das nur für mich bestimmt ist.«

»Er möchte nicht, dass andere von seinen Gefühlen erfahren?«, fragte Sandy. »Wieso nicht?«

»Die Frage erübrigt sich ja wohl. Private Sachen behält man nun mal für sich.«

»Ich weiß, was Sie über Privates denken. Kürzen wir das Ganze also ab. Sie sprechen doch sicher mit Bill darüber, was in unseren Sitzungen passiert?«

Natürlich. Sandy sah, wie Charlotte ertappt zusammenzuckte. Sie wusste genau, worauf Sandy hinauswollte.

»Sie teilen also diese sehr persönlichen Dinge mit ihm, die hier zur Sprache kommen. Und das macht Ihnen nichts aus. Es geht nämlich eigentlich gar nicht darum, Privates privat zu lassen, stimmt's?«

»Sagen Sie mir doch, worum es hier geht«, gab Charlotte zurück. Sie klang wütend, aber beherrscht.

»Ich versuch's zumindest gern. Ich denke, es geht hier um Vertrauen. Sie haben Angst davor, Steve Ihr Vertrauen zu schenken. Verständlicherweise, er hat Ihnen damals ja auch sehr weh getan. Das war schlimm, aber Sie lernen nach und nach, damit umzugehen. Bill andererseits …« Sandy sah zu dem grünen Sessel hinüber. »Der ist fast tausend Meilen entfernt und verheiratet. Wie sollte der Ihnen denn weh tun? Vor dem müssen Sie nun wirklich keine Angst haben. Deshalb fällt es Ihnen nicht schwer, sich auf ihn einzulassen. Und weil er nichts zu verlieren hat, kritisiert er Sie natürlich auch nie und wird auch nie sauer. Steve hingegen, also der hat nun mal leider jede Menge Potential, Sie zu verletzen. Es gibt aber einen weiteren entscheidenden Unterschied zwischen den beiden.«

»Nämlich?«, fragte Charlotte.

»Dieser Mann«, sagte Sandy und zeigte auf Steve.

»Der ist echt. Der da drüben im grünen Sessel existiert eigentlich gar nicht.«

»Bill existiert sehr wohl«, sagte Charlotte knapp.

»Ja, na klar. Aber nehmen wir doch mal kurz an, dass Sie Steve den Brief zeigen, Bill aber nichts davon erzählen. Was wäre dann?«

»Sie schlagen mir ernsthaft vor, dass ich Bill hintergehe?«

»Ja klar.«

»Sonst geht es Ihnen doch immer um die Wahrheit und dass Steve und ich in allem offen miteinander sind, weil uns nur das weiterbringt.«

»Sie und Steve sollen ja auch ehrlich miteinander sein. Von Bill habe ich nichts gesagt. Er ist ja auch nicht gerade die Ehrlichkeit in Person, zumindest betrügt er unter anderem seine Frau.«

»Genau wie Steve damals.« Charlotte klang hart.

»Stimmt, aber jetzt tut er das nicht mehr. Sehen Sie ihn sich an. Meinen Sie, er verheimlicht Ihnen etwas?«

Charlotte sah Steve an, dann wieder Sandy. Dann schaute sie hinüber zu dem grünen Sessel, wieder zu Steve und wieder zu Sandy. »Nein, im Moment verheimlicht er mir nichts.«

»Gut. Ich habe noch eine Frage«, fuhr Sandy fort. »Wem vertrauen Sie? Steve oder dem imaginären Mann im grünen Sessel?«

»Das ist doch Quatsch«, sagte Charlotte aufgebracht. »Das ist keine Eheberatung mehr. Mich machen Sie fertig, und Steve sitzt unterdessen da drüben in seiner Ecke und kriegt den Mund nicht auf.«

»Dann holen wir Steve doch dazu«, sagte Sandy. »Was halten Sie denn von der ganzen Sache?«

»Woher wussten Sie, dass Charlotte einen Brief von Bill in der Tasche hat?«, fragte Steve.

Damit hatte Sandy nicht gerechnet. »Eingebung«, erwiderte sie.

»Einfach so?«

»Ja, einfach so. Würden Sie den Brief gern lesen?«

»Das habe nicht ich zu entscheiden«, sagte Steve. »Ich respektiere Charlottes Privatsphäre.«

»Wieso? Was für eine Beziehung wollen Sie am Ende haben? Eine mit einem Regelkatalog, was alles erlaubt ist und was nicht? Es gibt nun mal kein Richtig und kein Falsch in einer Beziehung!« Sie hatte es leidenschaftlicher und bestimmter gesagt, als sie wollte. Das tat ihr leid. »Ich habe Sie doch nur gefragt, ob Sie den Brief gern lesen würden, ich habe ihn Ihnen ja nicht in die Hand gedrückt.«

»Wahrscheinlich würde mir weh tun, was ich da lese«, sagte Steve. »Aber dass ich den Brief lesen darf, würde auch bedeuten, dass Charlotte mir vertraut. Also ja.«

»Ich vertraue dir ja aber nicht«, widersprach

Charlotte. »Weder was meine Gefühle angeht noch was meine Geheimnisse angeht. Außerdem gibt's zwischen dir und Gabriella doch bestimmt auch gewisse Dinge, die ich nicht wissen soll.«

»Wir schreiben uns keine Briefe, aber du kannst gern unsere E-Mails lesen«, sagte Steve schüchtern.

»Und sie hätte nichts dagegen?«

»Natürlich hätte sie was dagegen, sie wäre stinksauer.«

»Wieso diskutieren wir dann überhaupt darüber, wenn wir uns damit sowieso nur gegenseitig traurig machen würden?«

Du hast doch Bills Brief mitgebracht, dachte Sandy. Und dabei hattest du ihn selbst noch nicht mal gelesen. Du hast das Ganze ins Rollen gebracht. Du hast das Thema der heutigen Sitzung vorgegeben.

»Es würde Sie traurig machen, ja«, stimmte Sandy Steve zu. »Und natürlich macht man so was nicht gern. Aber anders geht es nun mal nicht. Ich möchte eine kleine Übung mit Ihnen machen. Sie brauchen den Brief dafür nicht zu öffnen, keine Sorge. Aber holen Sie ihn doch mal aus der Tasche.«

Charlotte zögerte einen Moment, dann holte sie einen cremefarbenen Umschlag aus ihrer Handtasche. Er war noch zugeklebt. Die Adresse war in wunderschön geschwungener Schrift geschrieben.

»Geben Sie ihn Steve.«

Charlotte reichte ihn Steve, der ihn unsicher betrachtete.

»Wie fühlen Sie sich gerade?«, fragte Sandy ihn.

Steve ließ den Brief nicht aus den Augen. »Irgendwie komisch. Als ob ich was Ungehöriges mache.«

»Warum?«

»Weil das hier nur Charlotte und Bill was angeht.«

Nur Geduld, dachte Sandy bei sich. Charlotte hatte schon verstanden.

»Jetzt nicht mehr«, sagte Charlotte. »Genau das meint Sandy ja. Jetzt ist es eine Sache zwischen dir und mir.« Sie sah Steve mit ihren großen blauen Augen an. »Darum geht es in dieser Übung.«

Verstand Steve, was sie meinte?

Charlotte zeigte auf den grünen Sessel. »Schau mal. Da drüben hat Bill die ganze Zeit gesessen. Und Sandy will ihn rausschmeißen. Sie will, dass unsere Ehe dort sitzt. Ich habe ihm erzählt, was wir hier machen. Sandy meint, das muss aufhören. Ich soll stattdessen *dir* von Bills privaten Gefühlen erzählen. Du und ich. Niemand sonst. Niemand sonst hat was in diesem Zimmer oder in unserer Ehe zu suchen. Unsere Ehe sitzt jetzt da drüben in dem grünen Sessel. Und zwar allein.«

Steve sah zu dem Sessel und dann wieder zu Charlotte. Er schwieg.

»Verdammt, ich will nicht schon wieder weinen«, sagte Charlotte.

Sandy reichte ihr die Taschentuchbox.

Charlotte sah sie an. »Sie haben ja recht. Sie haben wirklich recht.« Dann wandte sie sich wieder an Steve. »Wenn du möchtest, dann lies den Brief gern. Ich habe nichts dagegen. Du kannst von mir aus alle Briefe lesen, die er mir geschickt hat.«

Charlotte hatte ihre Beziehung zu Steve auseinandergenommen, und nun setzte sie sie wieder zusammen, dachte Sandy. Falls die Puzzlestücke noch ineinanderpassten. Vielleicht war das nicht mehr der Fall, wer weiß, aber Charlotte war bereit, dieses Risiko einzugehen.

Beide Frauen betrachteten Steve, der immer noch den Brief in der Hand hielt. Eine Weile herrschte völliges Schweigen. Steve schien nachzudenken, und Sandy wollte ihn nicht unterbrechen.

»Eigentlich interessiert mich gar nicht so sehr, was Bill dir schreibt«, sagte er schließlich. »Warum auch? Mich interessiert viel mehr, was du ihm geschrieben hast. Mich interessiert, was *du* denkst, nicht, was *er* denkt.«

Ganz genau, Steve, dachte Sandy. Obwohl es ihm, klar, nicht tatsächlich egal war, was Bill dachte, natürlich gab es Konkurrenzdenken, und natürlich war er eifersüchtig; aber endlich machte es klick. Bei beiden. Der eine führte den anderen zum nächsten Schritt. Falls sie wieder zusammenkommen sollten, würden sie diesen Moment hoffentlich nie vergessen, den Moment, in dem es klick gemacht hatte. Und wenn es mal Probleme gab, könnten sie den Zug zurück zu dieser Weiche schieben und auf dem richtigen Gleis weiterfahren lassen, auf dem sie auch jetzt gerade fuhren.

»Ich verstehe dich«, sagte Charlotte. Es kam offensichtlich aus tiefstem Herzen. »Wenn ich meine Briefe an Bill hier hätte, würde ich sie dir geben.«

»Dann geben Sie sie ihm doch«, sagte Sandy.

28

Ich habe die Briefe gelesen«, begann Steve etwas förmlich. »Und ich möchte sowohl dazu als auch zur aktuellen Situation zwischen Charlotte und mir Stellung nehmen.«

»Bitte was, du möchtest *Stellung nehmen*?«, fragte Charlotte.

Steve lächelte. Ein Lächeln?, dachte Sandy verwundert.

»Ja, das klang eben ein bisschen steif, stimmt. Sorry. Ich wollte dir auf jeden Fall sagen, dass mich die Briefe nicht böse gemacht haben. Nicht mal eifersüchtig.«

»Wie großmütig von dir«, erwiderte Charlotte. »Nur glaube ich dir das leider nicht. Es war übrigens ziemlich schwierig, die Briefe zurückzubekommen. Bill war ganz schön wütend und wollte sie auf keinen Fall rausrücken. Aber ich habe es geschafft. Und jetzt sagst du mir, dass sie überhaupt nichts bei dir ausgelöst haben?«

»Doch, die haben schon was ausgelöst und nicht

zu knapp. Mir ist zum Beispiel wieder mal klargeworden, wie sehr ich dich verletzt habe. Und das tut mir wirklich leid.«

»Und die Briefe zu lesen hat dich im Gegenzug nicht verletzt?«

»Wolltest du das denn?«

»Keine Ahnung. Ich hatte eine ganze Menge Gefühle in Bezug auf dich und die Briefe. Geht mir immer noch so. Doch, ja, irgendwie wollte ich wohl schon, dass sie dich verletzen. Weil du mir auch so weh getan hast.«

»Es ist in den Briefen sehr deutlich geworden, wie schlimm das alles für dich war«, sagte Steve. »Es tut mir so leid.« Er senkte den Kopf.

Charlotte und Sandy sahen ihn an, aber keine sagte etwas.

»Und außerdem wollte ich mich bei dir bedanken, dass ich sie überhaupt lesen durfte«, fuhr Steve fort. »Das bedeutet mir viel. Früher, bevor wir die Therapie angefangen haben, hätte ich mich so betrogen gefühlt, dass ich völlig ausgerastet wäre. Du hast darauf vertraut, dass das mittlerweile nicht mehr der Fall sein würde. Mir die Briefe zu geben war also sozusagen auch eine Stellungnahme deinerseits, was dein Vertrauen in mich angeht.«

Schon wieder ›Stellungnahme‹, dachte Sandy. Was hat es denn damit bloß auf sich?

»Und Bill hat mir gesagt, er hätte darauf ›vertraut‹, dass ich niemandem seine Briefe zeige«, entgegnete Charlotte. »Wir hätten eine Abmachung gehabt.«

»Und wie haben Sie darauf reagiert?«, fragte Sandy.

»Wie ich reagiert habe?« Charlotte drehte sich überrascht zu Sandy um, als hätte sie vergessen, dass sie nicht mit Steve allein war.

»Ich habe gesagt, Sie meinen, er soll sie mir zurückgeben, also müsste er das eben. Ich habe daran gedacht, wie Sie Steve am Anfang gesagt haben, er soll mir das ganze Geld aus dem Hausverkauf geben, und er es gemacht hat. Aber das habe ich Bill natürlich nicht gesagt.«

»Aber bei ihm hat das nicht funktioniert, oder?« Sandy hatte sich das schon gedacht.

Charlotte lächelte. »Nein, natürlich nicht. Er sieht Sie nur als Mittel zum Zweck, um wieder mit Steve zusammenzukommen. Er meinte, er habe mir vertraut, dass ich seine Briefe niemandem zeige, und hat noch mal von der Abmachung angefangen.«

»Aber diesmal ging es doch um *Ihre* Briefe.«

»Eben. Er dachte wohl, er kann mich durcheinanderbringen. Aber den Zahn habe ich ihm ganz schnell gezogen, ich habe ihm einfach gesagt, dass mir sein Vertrauen völlig egal ist, ob es nun um seine oder um meine Briefe geht. Und ich habe ihm gesagt, dass ich sie alle Steve geben würde und eh keine Lust auf irgendwelche Abmachungen hätte. Ich lass mich doch mit so was nicht kontrollieren! Dann hat er es mit Ausreden versucht. Er hätte die Briefe im Büro und könne ja wohl schlecht jetzt gleich dahin. Also wirklich!«

Charlotte sah zu dem grünen Sessel. »Also da sitzt die Ehe?«

»Vielleicht«, antwortete Sandy. »Ich denke, manchmal schon.«

»Tja, die Ehe hat mir jedenfalls gesagt, ich soll ihm endlich die Scheißbriefe abnehmen. Da habe ich Bill in aller Deutlichkeit gesagt: Wenn er meine nicht rausrückt, schick ich seine an seine Frau.«

War Charlotte sich eigentlich dessen bewusst, wie weit sie gekommen war?, überlegte Sandy.

Dann wandte sich Charlotte an Steve. »Verstehst du jetzt, was ich machen musste, um diese Dinger wiederzubekommen? Und da sagst du mir, dass das quasi alles umsonst war?« Sie klang wütend.

»Nein, auf keinen Fall«, erwiderte Steve. »Ich habe nämlich durch die Briefe was Wichtiges erkannt: Du hast mich noch nicht abgeschossen. Ich hatte die ganze Zeit Angst, dass wir nur zu Sandy gehen, weil du eine möglichst friedliche Trennung willst. Aber darum geht es gar nicht, stimmt's? Du versuchst stattdessen, uns wieder zusammenzubringen. Oder?«

Steve sah Charlotte an, bat sie stumm um eine Antwort. Ja, Steve, dachte Sandy. Ja, verdammt noch mal.

»Du vereinfachst das gerade sehr«, widersprach Charlotte. »Das ist alles viel komplizierter. Mir ist auf jeden Fall klargeworden, dass das mit Bill nur eine Phase war. Aber wieder mit dir zusammen sein? Also ich weiß nicht, dazu bin ich noch nicht bereit.«

Charlotte betrachtete lange den grünen Sessel. Sandy hätte gern gewusst, was sie dort sah, wie ihre Ehe für sie aussah.

»Falls wir jemals wieder zusammenkommen, müssen wir ganz von vorn anfangen, Steve. Bei null.«

Steve sah nun auch zu dem grünen Sessel. »Wir können aber nicht bei null anfangen. Wir können die Vergangenheit ja nicht ungeschehen machen.«

Charlotte drehte sich zu ihm herum. Sie hatte Tränen in den Augen. »Wohl wahr.«

Dann saßen sie einfach nur da. Sandy schwieg ebenfalls. In dem Moment war Schweigen die beste Therapie.

Schließlich brach Charlotte das Schweigen. »Ich

verstehe nicht hundertprozentig, was hier vor sich geht und was es mit uns macht, aber ich habe auf jeden Fall das Gefühl, dass wir viel lernen. Du weißt ja, dass ich früher oft Angst vor dir hatte, Steve. Diese Sache mit den Briefen – früher hätte ich das nicht gekonnt, ich hätte Angst gehabt, dass du ausrastest. Und jetzt? ›Soll er doch ausrasten‹, habe ich mir gedacht. Es war mir egal.«

»War es Ihnen nicht«, sagte Sandy.

»Nein, natürlich nicht ganz.«

»Sie wussten, dass er nicht an die Decke gehen würde, deshalb hatten Sie keine Angst.«

»Zumindest nicht hier, solange Sie dabei sind, nein.«

»Nicht nur hier«, widersprach Sandy. »Sie wissen einfach, dass er so was nicht mehr macht. Früher hätte er sofort bei Ihnen auf der Matte gestanden, nachdem er die Briefe gelesen hat. Er wäre völlig außer sich gewesen. Und diesmal?«

»Ich hätte ihn fast selbst angerufen, weil ich nach mehreren Tagen immer noch nichts von ihm gehört hatte.«

Sandy lächelte. Steve, du kannst echt gemein sein.

»Aber ich habe nicht angerufen und nachgefragt. Ich wusste, dass er mir damit zeigen will, dass er mittlerweile reifer ist.«

»Wissen Sie«, sagte Sandy, »andere Leute hätten einander wegen dieser Briefe umgebracht. Ganze Romane werden über solche Situationen geschrieben.«

»So ist Steve nun mal nicht. Aber anrufen hätte er schon können.« Charlotte wandte sich an Steve. »Wieso hast du das eigentlich nicht?«

»Ich war wie gelähmt«, erwiderte Steve. »Ich war völlig fertig. Ich habe beim Lesen begriffen, wie sehr ich dir weh getan habe. Aber auch, wie unglaublich verliebt du in Bill warst. Das hat mich richtig aufgewühlt. Ich musste das erst mal verarbeiten, bevor ich dich anrufen konnte. Du hattest dich tatsächlich in jemand anderen verliebt.«

Charlotte nickte. Sie konnte das gut nachvollziehen. »Mich auch«, sagte sie. »Ich habe meine Briefe selbst noch einmal durchgelesen, bevor ich sie dir gegeben habe, und mich hat es auch ziemlich aufgewühlt. War ich ernsthaft verliebt in diesen Menschen gewesen? Aber dann bin ich ja zum Glück wieder zu mir gekommen. Und wenn ich jetzt drüber nachdenke, kann ich es gar nicht mehr richtig glauben. Ich hätte mir fast das komplette Leben mit diesem Kerl ruiniert. Und du bist schuld daran. Gott sei Dank hatte die Sache keine Folgen.«

Klar hat sie die, dachte Sandy, aber es sind gute. Bill ist auch nicht der Teufel, als den du ihn jetzt hinstellst, und er ist dir auch garantiert nicht völlig egal. Aber Steve versteht das. Er hat die Briefe gelesen. Das kannst du nicht mehr rückgängig machen.

»Steve hat die Briefe also gelesen«, sagte sie. »Jetzt stellt sich die Frage, was mit ihnen passieren soll.«

»Ich habe Bill gesagt, ich schicke sie ihm zurück«, sagte Charlotte.

Einen Moment lang blieb die Zeit stehen. Sandy und Charlotte sahen einander an, eher wie Komplizinnen als wie Therapeutin und Klientin.

»Das ist jetzt nicht Ihr Ernst«, sagte Sandy.

»Na ja, versprochen habe ich es ihm schon«, erwiderte Charlotte. »Aber ich werde sie wohl einfach verbrennen.«

»Gute Idee.«

»Können wir noch mal kurz über die Briefe reden, bevor Charlotte sie verbrennt?«, warf Steve ein. »Eine Sache hat mich beim Lesen nämlich doch wütend gemacht. Dass Bill dich immer wieder gedrängt hat, dich scheiden zu lassen.«

»Aber ich habe es nicht getan«, entgegnete Charlotte.

»Und das weiß ich zu schätzen.«

»Zumindest noch nicht«, fügte Charlotte hinzu.

Steve lächelte. »Noch nicht«, stimmte er zu. »Und falls wir jemals wieder zusammenkommen, werde ich jeden einzelnen Tag dankbar dafür sein, dass du es nicht gemacht hast. Und ich werde alles dafür tun, dass du es auch nie wieder willst. Ich wollte aber noch was anderes ansprechen. Ich habe nämlich eine Idee. Ich will uns ein bisschen herausfordern.«

Er zögerte kurz. »Das ist schwerer, als ich gedacht hätte.« Er nahm noch einmal Anlauf. »Also. Was haben wir in den letzten Monaten hier gemacht? Worauf arbeiten wir die ganze Zeit hin?« Er ließ die Frage einen Moment lang im Raum stehen. »Ich will noch mal auf das gemeinsame Wochenende zurückkommen, über das wir geredet hatten.«

»Ohne Sandy?«, fragte Charlotte.

»Sehr witzig! Ja, ohne Sandy.«

Charlotte sah Steve amüsiert an.

»Bitte«, sagte er.

Er macht es genau richtig, dachte Sandy. ›Bitte.‹ Oder auf die Knie gehen. Oder ›Ich flehe dich an‹. Irgendetwas in der Art. Aber eigentlich war sein ›Bitte‹ am ehrlichsten, es sagte Charlotte genau, was er wollte. Daran würde er noch arbeiten müssen, es fiel ihm nach wie vor schwer, ihr zu sagen, was er wirklich wollte und nicht das, was er dachte, dass sie es wollte.

Steve lehnte sich im Sessel zurück. Er wirkte entspannter als vorher.

»Ich weiß gerade überhaupt nicht, was ich darüber denke«, sagte Charlotte. »Ich wüsste gern, was Sandy davon hält.«

Du weißt ganz genau, was du denkst, dachte Sandy. »Was sehen Sie, wenn Sie Steve anschauen?«, fragte sie Charlotte.

Charlotte betrachtete ihn prüfend. Fast dreißig Sekunden lang schaute sie nur.

»Ich sehe einen kleinen Jungen«, sagte sie schließlich mit einem Lächeln.

Sandy sah es jetzt auch. Das Gehabe des erfolgreichen Geschäftsmannes, das gespielte Selbstbewusstsein, alles war weg, und übrig war nur noch ein kleiner Junge, der voller Ehrfurcht und Bewunderung das komplexe Wesen namens Charlotte ansah, das in diesem Moment die ganze Welt für ihn beinhaltete.

»Na gut«, sagte Charlotte. »Wir fahren zusammen weg. Wann?«

»Am besten gleich nächstes Wochenende«, sagte Sandy.

29

Sandy hatte durchaus auch Nützliches von Heidi mit auf den Weg bekommen. Der Kurs über Buchhaltung, zu dem ihre Mutter sie gezwungen hatte, hatte sich zum Beispiel schon als sehr praktisch erwiesen. Ein weiterer hilfreicher Tipp von ihr war gewesen: Wenn die Sache einmal über die Bühne ist, lass es gut sein. Jegliche weiteren Kommentare machen im schlimmsten Fall bloß alles wieder kaputt. Wenn du also einmal etwas abgeschlossen hast, sag tschüss und geh.

Deshalb fand Sandy auch, dass Charlotte und Steve so schnell wie möglich miteinander wegfahren sollten – bevor einer von ihnen seine Meinung änderte, Gabriella sich einmischte oder was auch immer. Ab mit ihnen an den Strand! Und wenn sie sie höchstpersönlich hinfahren musste.

So hätte Heidi das gehandhabt.

30

Sandy räumte ihren Schreibtisch auf, bezahlte ein paar Rechnungen und heftete Notizen ab. Zu Hause hatte sie auch einen Schreibtisch, aber in der Praxis konnte sie sich besser konzentrieren.

Sie saß mit dem Rücken zu den Klientensesseln und dem grünen, der für die Ehe reserviert war. Sie war allein im Büro, hatte aber trotzdem das unangenehme Gefühl, beobachtet zu werden. Sie drehte sich um. Natürlich war da niemand. Aber als sie zu dem grünen Sessel hinübersah, hatte sie den Eindruck, die Ehe würde sie von dort erwartungsvoll anschauen.

»Was willst du denn?«, fragte Sandy den leeren Sessel. Die Ehe freute sich auf das bevorstehende Wochenende, aber sie hatte auch ein wenig Angst.

Ich kann doch nicht mitfahren und dafür sorgen, dass auch ja alles gutgeht, dachte Sandy. Ich kann den beiden nicht sagen, dass sie zusammen sein sollen. Zu dieser Erkenntnis müssen sie schon selbst kommen, *wenn* sie denn zu der Erkenntnis kommen. Ich kann ihnen nur die Mittel an die Hand geben, eine ehrliche Beziehung miteinander aufzubauen und am Leben zu erhalten. Mein Aufgabengebiet beschränkt sich auf diese Praxis hier.

»Und jetzt lass mich in Ruhe«, sagte Sandy laut zu der Ehe.

Wenn sie ehrlich war, hätte sie Charlotte und Steve schon gern begleitet. Sie wollte, dass deren Ehe wieder funktionierte. Sie war noch nie eine völlig unbeteiligte Therapeutin gewesen.

Steve war clever und intelligent, aber Sandy machte sich Sorgen um seine Fähigkeit, Charlotte wirklich zu verstehen. Ja, er hatte viel gelernt und gute Fortschritte gemacht, aber würde das reichen? Sie hatte da so ihre Zweifel.

Jetzt wünschte sie sich, sie hätte noch einmal eine Einzelstunde mit ihm gehabt, bevor er und Charlotte zusammen wegfuhren. Dann hätten sie gemeinsam seine Strategie durchgehen können. Hatte er überhaupt eine? Vielleicht meinte er, es wäre keine ehrliche Herangehensweise, wenn man sich vorher eine Strategie zurechtlegte. Vielleicht meinte er, es würde schon alles irgendwie klappen. Ganz bestimmt dachte er das sogar.

Die Ehe schüttelte den Kopf.

»Was soll ich denn machen?«, fragte Sandy.

Sie wusste natürlich genau, was die Ehe von ihr

wollte. Aber wenn man einmal mit so was anfing ...
Andererseits: Wenn man wollte, dass die Ehe wieder funktionierte, wieso sich dann unbeteiligt geben? Wenn man nicht alles dafür tat, wieso war man dann überhaupt Therapeutin geworden? Es ging doch darum, die Ehe zu retten. Sie sah sich schließlich als Stellvertreterin der Ehe, als deren Sprachrohr.

Sandy sah zu dem Telefon auf ihrem Schreibtisch, dann zu dem grünen Sessel, wo die Ehe saß und sie weiterhin erwartungsvoll anschaute. Na gut, dachte sie. Ich spreche für dich. Sie wählte die Nummer. Es klingelte einmal, zweimal, dreimal.

»Hallo Sandy«, sagte Steve.

Ah, er hatte wohl ihre Nummer im Display gesehen. »Störe ich gerade?«, fragte sie.

»Überhaupt nicht.«

»Was Ihr Wochenende mit Charlotte angeht – haben Sie schon irgendwelche Pläne?«

»Klar«, antwortete Steve. »Ich habe uns für Freitagabend einen Tisch in einem schicken Restaurant in der Nähe von Inverness reserviert. Da wird's Charlotte gefallen. Das Haus, das ich gemietet habe, ist total schön und direkt am Strand. Am zweiten Abend wollte ich für Charlotte kochen, um sie ein bisschen zu beeindrucken und ihr zu zeigen, dass ich wirklich kochen gelernt hab. Ich bringe alle Zutaten schon mit, das wird superlecker. Und meine Eltern passen in der Zeit auf die Kinder auf. Charlotte hatte nichts dagegen.«

Er würde doch aber hoffentlich nicht italienisch kochen, oder? Sandy fragte lieber nicht nach. Der Plan klang jedenfalls erst mal nicht schlecht. Aber es waren alles selbstverständliche Sachen, die Steve organisiert hatte. Wo war die Romantik?

»Haben Sie auch ein Geschenk?«, fragte sie.

»Was denn für ein Geschenk?«, fragte Steve zurück. »Und warum überhaupt?«

»Na für Charlotte!«, sagte Sandy. Sie wurde nervös. »Haben Sie nicht noch irgendetwas Besonderes vor?« War dieser Kerl verrückt geworden?

»Natürlich habe ich ein Geschenk für Charlotte«, sagte Steve. »Tut mir leid, ich konnte einfach nicht widerstehen, Ihnen ein bisschen Angst zu machen.«

»Machen Sie so was ja nicht am Wochenende mit Charlotte!«

»Mach ich nicht.«

»Und was ist es?«

»Was ist was?«

»Was schenken Sie ihr?«, fragte Sandy entnervt. Bloß keine Blumen, dachte sie. Und um Himmels willen nichts Gekauftes. Aber dann fiel ihr Steves Valentinstagsgeschenk ein. Vielleicht gab es ja doch noch Hoffnung.

»Ich habe ein Buch gebastelt«, sagte Steve. »Ich hab die ganze Woche dran gesessen. Mit den Nachrichten und Zetteln, die wir einander anfangs geschrieben haben. Wir waren damals wirklich wahnsinnig verliebt. Ich hab die schönsten rausgesucht und in das Buch eingeklebt, und dann hab ich noch ein paar kolorierte Zeichnungen dazu gemacht. Eine ist eine Karte vom College-Campus mit den Orten, die eine Bedeutung für uns haben. Zum Beispiel das Pamplona, das ist ein Café, in dem wir oft zusammen waren.«

»Steve, das ist eine wunderschöne Idee.«

»Sie haben Angst, dass ich es verbocke, nicht?«

»Ja«, antwortete Sandy ehrlich.

»Meinen Sie denn, dass wir überhaupt eine Chance haben, wieder zusammenzukommen?«

»Was denken Sie denn?«, fragte Sandy zurück.

»Sie sind doch hier die Paartherapeutin. Als ich Sie das erste Mal danach gefragt habe, meinten Sie, die Chancen stehen eins zu tausend.«

»Damals kannte ich Sie noch nicht sehr gut. Und ich hätte das sowieso nicht sagen sollen, ich bin mir auch gar nicht sicher, ob ich das wirklich so gesagt habe.«

»Doch, auf jeden Fall, das hat sich mir eingebrannt«, erwiderte Steve. »Aber es war gut, dass Sie das gesagt haben, es hat mich nämlich so schockiert,

dass ich die ganze Sache ab da anders gesehen habe.«
Seine Stimme klang plötzlich belegt. »Am liebsten
hätte ich Sie am Wochenende dabei. Falls ich das
Gefühl habe, ich brauche Sie, werde ich einfach so
tun, als wären Sie da.«

»Sie müssen nicht mal so tun. Wenn wir alles
richtig gemacht haben, bin ich dabei. Sie müssen
nur die Augen offen halten.«

»Sie sind wirklich eine ziemlich ungewöhnliche
Paartherapeutin.«

»Wenn Sie wüssten!«, entgegnete Sandy. »Ich
sitze hier bei mir in der Praxis und unterhalte mich
mit Ihrer Ehe.« Jetzt war ihre eigene Stimme ein
wenig rauh.

Steve lachte. »Und, was hat sie zu unserem Wochenende zu sagen?«

»Die Ehe meint, Charlotte hätte sich nie darauf
eingelassen, würde sie nicht wieder mit Ihnen zusammen sein wollen.«

»Der Gedanke kam mir auch schon«, sagte Steve.

»Was nicht heißt, dass Sie nicht noch alles kaputtmachen können«, sagte Sandy. Aber sie war
mittlerweile recht zuversichtlich, dass das nicht
passieren würde. Charlotte hatte die Sache bestimmt unter Kontrolle. Sie würde Steve schon davon abhalten.

»Rufen Sie Charlotte auch noch an?«, fragte Steve.

»Da muss ich mal die Ehe fragen. Aber ich glaube nicht. Tschüss!«

Sandy legte auf und betrachtete lächelnd den grünen Sessel.

»Na, zufrieden?«, fragte sie.

Und die Ehe lächelte zurück.

31

Steve saß entspannt in seinem Sessel. Er schwebte auf Wolke sieben. Es hatte tatsächlich funktioniert, er und Charlotte waren wieder zusammen. Sie hatten ein romantisches Wochenende mit Strandspaziergängen und langen Gesprächen verbracht, und auf der Heimfahrt im Sonnenuntergang hatte Charlotte gesagt, sie wolle wieder mit ihm zusammenleben. Ab wann?, hatte Steve gefragt. Und Charlotte hatte geantwortet: Jetzt, jetzt sofort, komm einfach mit nach Hause. Es konnte nicht perfekter sein.

Sandy betrachtete Charlotte. Ach Charlotte, dachte sie. Na komm, sag ihm, was los ist.

»Vielen, vielen Dank«, sagte Steve zu Sandy. »Wir haben es Ihnen zu verdanken, dass wir überhaupt an diesen Punkt gekommen sind und dass wir jetzt wirklich wieder zusammen sind.«

Sandy schwieg und schaute weiter Charlotte an. Charlotte schwieg ebenfalls. Aber Sandy war nun mal die Therapeutin, also musste sie wohl ran.

»Warum ausgerechnet jetzt?«, fragte sie Charlotte. »Warum wollen Sie jetzt wieder mit Steve zusammen sein?«

»Es hat sich eben richtig angefühlt«, antwortete Charlotte.

»›Es‹? Was genau? Das Wochenende? Die Heimfahrt? Der Sonnenuntergang? Einfach so, nach neun Monaten getrennt leben?«

»Es war Zeit«, sagte Charlotte. »Auf der Heimfahrt hatte ich auf einmal so ein Gefühl, es war sehr stark, und da wusste ich es eben.«

»Klar hat man manchmal ›einfach so ein Gefühl‹, das einen überwältigt. Aber das passiert nicht allzu oft und meistens auch nur, wenn es einem gerade richtig mies geht. Und Ihnen ging es nach dem Wochenende ja nicht mies. Warum haben Sie Steve also gebeten, nach Hause zu kommen?«

»Weil ich ihn liebe«, sagte Charlotte leise.

»Natürlich lieben Sie ihn, Sie lieben ihn seit dem Seminar, wo er mal eben die Elisabethanische Lyrik auf den Punkt gebracht hat, obwohl er eigentlich aussah wie die Klischee-Sportskanone aus einer Teeniekomödie. Sie haben ihn auch geliebt, als er nicht noch mal mit Ihnen zu diesem Biobauernhof wollte und als er sich den Benz gekauft und sich wie ein Gott aufgeführt hat. Aber Sie haben ihn nicht nur zurückgenommen, weil Sie ihn lieben.«

»Sie haben ja recht. Aber ich war schon sehr beeindruckt von seinen Gefühlen, die in diesem selbstgebastelten Buch deutlich geworden sind.« Charlotte sah Steve an. »Verstehst du, worauf Sandy hinauswill?«, fragte sie ihn.

Steve schüttelte den Kopf.

»Ich hatte Sorge, dass du es nicht mehr lange so aushältst«, erklärte Charlotte. »Ich wusste auch nicht, wie lange *ich* das noch aushalte. Wie lange würden wir die Trennung aufrechterhalten können, bevor irgendetwas Unvorhergesehenes passiert? Bevor irgendetwas passiert, mit dem wir nie gerechnet hätten und das uns dann für immer auseinanderbringt? Ich will einfach nicht, dass Chris und Liz Scheidungskinder sind.«

Charlotte zuckte mit den Schultern. Sie sah zu Sandy. »Aber die Kaninchen will ich immer noch!«, sagte sie mit fester Stimme. »Jedes einzelne verdammte Kaninchen.«

»Ich weiß«, antwortete Sandy. Und die sollst du auch kriegen, dachte sie bei sich. Sie bemerkte Steves verständnislosen Blick. Er war einfach nicht so hell wie Charlotte und sie, was diese Sachen anging. Aber dafür hatte er andere Stärken.

»Was denn für Kaninchen?«, fragte er.

»Die bei den Snyders auf dem Bauernhof«, erwiderte Charlotte. »Die haben doch Kaninchen da.

Und Ziegen. Aber darüber können wir später noch reden. Ich will ja gar nicht mehr auf einem Bauernhof leben, ich möchte aber ein ganzheitliches Leben mit einem Partner, der sich in allen Bereichen mit einbringt.«

Da kommt wieder mal die Dozentin durch, dachte Sandy.

»Steve.« Charlotte klang sehr emotional. »Ich habe das nicht mehr ausgehalten. Es ging einfach nicht mehr. Ich sag's ganz ehrlich. Die ganze Zeit über hier bei Sandy in der Praxis habe ich mich so leer gefühlt, so ausgehöhlt, als ob mein Leben nicht mehr lebenswert wäre, wenn wir nicht wieder zusammenkommen. Als ob mein Leben ohne die Kinder, ohne eine Familie komplett seinen Sinn verloren hätte.

Trotzdem war ich bereit, das alles aufzugeben, anstatt weiter ein unechtes Leben zu führen, das sich nur an der Oberfläche abspielt, wo du deinen Angeber-Benz fährst und Affären hast. Da wäre ich lieber tot gewesen. Aber du hast es tatsächlich geschafft, dich zu ändern. Ein wahres Wunder.«

Ein kurzes Lächeln huschte über ihr Gesicht. »Ich bin mir dessen bewusst, dass ich wieder mal nur darüber rede, was du getan hast, nicht ich. Ja, ich habe die Tendenz, mich zurückzuziehen. Ich steige aus Gesprächen aus, ich halte mit meinen

Gefühlen hinterm Berg. Ich interpretiere lieber Romane, als die Protagonistin meines eigenen Lebens zu sein. Dass wir wieder zusammen sind, heißt eben nicht, dass wir nie wieder Probleme haben. Wir kommen bestimmt wieder an einen Punkt, wo du das Gefühl hast, ich würde dich nicht lieben, und dann müssen wir halt schauen, wie wir das lösen. Du wirst Fehler machen und ich auch.«

»Ich bin doch selbst voller Fehler«, sagte Steve. »Nur würde ich künftig nicht noch mal dieselben machen. Aber wir haben Mittel an die Hand bekommen, wie wir unsere Ehe trotz unserer Fehler funktionstüchtig halten. Und wenn wir Hilfe brauchen, gehen wir zu Sandy.«

Charlotte sah Sandy an.

»Werden Sie weiter für uns da sein?«

»Auf jeden Fall« antwortete Sandy. »Es gibt noch viel zu tun.«

»Wie lange sollten wir noch hierher kommen?«, fragte Charlotte. Obwohl das eigentlich eine typische Steve-Frage war, dachte Sandy: Dinge zu beziffern, denen mit Zahlen nicht beizukommen war.

»Solange wie nötig«, antwortete Sandy. »Vielleicht noch ein Jahr …«

Charlotte beugte sich vor.

»Können wir auch danach, wenn wir nicht mehr regelmäßig hierher kommen, auf Sie zählen?«

»Klar.«

»Dauerhaft?«, fragte Charlotte.

Dauerhaft? Was meinte Charlotte damit?

Verdammt, dachte Sandy. Sie fühlte Tränen aufsteigen und konnte nichts dagegen tun.

Nun wusste sie, was Charlotte meinte. Eine Welle der Zuneigung durchflutete sie. Wie sollte man als Paartherapeutin bei so was auch objektiv bleiben?

Charlotte hatte ebenfalls Tränen in ihren blauen Augen, und sie glitzerten in der Nachmittagssonne.

Ach Charlotte, wenn du doch bloß begreifen würdest, wie cool du eigentlich bist und wie stark.

»Ja, dauerhaft«, antwortete Sandy. »Von mir aus für immer.«

Tracy Barone
Das wilde Leben der Cheri Matzner

Roman. Aus dem Amerikanischen
von Stefanie Schäfer

Alle glücklichen Familien gleichen einander, aber eine Cheri Matzner hat die Welt noch nicht gesehen. Ein herrlich wilder Familienroman – das Debüt einer temperamentvollen amerikanischen Autorin.

Der Radiologe Solomon Matzner und seine italienische Frau freuen sich auf ihr Kind. Da erleidet Cici eine Fehlgeburt, die sie so verstört zurücklässt, dass Sol sich nicht anders zu helfen weiß, als hinter ihrem Rücken schnellstens ein Ersatzkind zu adoptieren: Cheri. Ein rebellisches Mädchen, das auch später als Frau nicht ansatzweise dazu bereit ist, die Erwartungen anderer zu erfüllen. Ein Buch über die Familie, an der man sich die Zähne ausbeißt und ohne die man trotzdem nicht sein kann.

»Eine berührende, spannende und stellenweise auch ziemlich schräge Familiengeschichte. Es macht einen Riesenspaß, dieses Buch zu lesen.«
Clemens Benke / Klassik Radio, Berlin

»Filmisch, tiefgründig, packend.«
Kirkus Review, New York

Anthony McCarten
im Diogenes Verlag

»Anthony McCarten hat die unglaubliche Gabe, Geschichten so aufzuschreiben, dass es einem das Herz zerreißt, während man über seine Einfälle, Sprüche und seinen unbesiegbaren Humor lacht.«
Hamburger Abendblatt

»McCarten pflegt den satirischen Ton, ohne waschechte Satiren zu schreiben. Er ist, wie man so sagt, ein geborener Erzähler.« *Die Welt, Berlin*

»Anthony McCarten ist unter den literarischen Exporten aus Neuseeland einer der aufregendsten.«
International Herald Tribune, London

Superhero
Roman. Aus dem Englischen von Manfred Allié und Gabriele Kempf-Allié
Auch als Diogenes E-Hörbuch erschienen, gelesen von Rufus Beck

Englischer Harem
Roman. Deutsch von Manfred Allié und Gabriele Kempf-Allié
Auch als Diogenes E-Hörbuch erschienen, gelesen von Rufus Beck

Hand aufs Herz
Roman. Deutsch von Manfred Allié
Auch als Diogenes Hörbuch erschienen, gelesen von Rufus Beck

Liebe am Ende der Welt
Roman. Deutsch von Manfred Allié

Ganz normale Helden
Roman. Deutsch von Manfred Allié und Gabriele Kempf-Allié
Auch als Diogenes Hörbuch erschienen, gelesen von Rufus Beck und Jo Kern

funny girl
Roman. Deutsch von Manfred Allié und Gabriele Kempf-Allié
Auch als Diogenes Hörbuch erschienen, gelesen von Rufus Beck und Adriana Altaras

Licht
Roman. Deutsch von Manfred Allié und Gabriele Kempf-Allié

Jack
Roman. Deutsch von Manfred Allié und Gabriele Kempf-Allié

Die zwei Päpste
Franziskus und Benedikt und die Entscheidung, die alles veränderte. Deutsch von Stefanie Schäfer